Caroline du Saint

Un déni français

Enquête sur l'élevage industriel

RÉCAMIER

92, avenue de France
75013 Paris
Tél. : 01 44 16 09 00
Fax : 01 44 16 09 01
www.editions-recamier.fr
www.lisez.com

Mise en pages : PCA
Dépôt légal : avril 2025
ISBN : 978-2-38577-122-5

À Ibar, Aleli et Salvador.

Avant-propos

24 février 2023. Sur le plateau de « C à vous », sur France 5, Édouard Bergeon, agriculteur et réalisateur de films, présente son dernier documentaire sur l'élevage en France. *« L'agriculteur, c'est un don de soi. Et ils nous nourrissent. En France, on a des fermes familiales. On n'est pas en Hollande, on n'est pas en Argentine. Et en France, les vaches, vous savez ce qu'elles mangent ? De l'herbe ! »*

Face à lui, le visage du journaliste qui mène l'interview s'éclaire. *« Voilà ! Redites-le parce que c'est très important : il n'y a pas de fermes-usines en France, et s'il y en a, c'est marginal, Epsilon ! »* Édouard Bergeon reprend : *« Eh oui ! Et s'il y a eu du porc en Bretagne, tout ça c'est fini ! Maintenant, on fait du cousu main. »*

Il n'y a pas de fermes-usines en France. Le porc en Bretagne, tout ça, c'est fini. Les vaches mangent de l'herbe et, grâce à Dieu, on n'est pas en Hollande ou en Argentine.

En quelques secondes, Édouard Bergeon a résumé une des croyances les plus ancrées en France. Notre pays, terre de pâturages, peuplé de belles bêtes vivant à l'air libre, n'a pas pris le chemin emprunté par le monde entier, celui de l'élevage industriel. Il a tracé sa voie propre, son propre sillon. Quel soulagement.

Deux semaines plus tard, mon documentaire sur l'industrialisation de l'élevage *L'Usine des animaux* est diffusé sur Arte. J'ai travaillé deux ans sur ce sujet, pour lequel j'ai filmé dans tous les continents. Aux États-Unis, j'ai vu des milliers de veaux isolés dans des boîtes en plastique blanches de trois mètres carrés, alignées les unes à côté des autres, comme autant de petits cercueils dans un cimetière militaire.

Au Vietnam, je suis restée plusieurs jours dans un de ces nouveaux élevages de porcs flambant neufs, barricadés derrière de hauts murs de béton. En Pologne, je suis entrée dans une usine abritant des dizaines de milliers de poulets obèses, observés en permanence par des caméras de surveillance, analysés par intelligence artificielle.

Aussi incroyable que cela puisse paraître, j'ai pu filmer ces scènes facilement. Aux États-Unis, en Pologne et au Vietnam, les portes des usines se sont ouvertes. Là-bas, les agriculteurs sont fiers de faire de l'élevage intensif. Produire, enfermer des animaux dans des boîtes, les commercialiser en masse, ne leur pose aucun problème. C'est un marqueur de modernité, et surtout, c'est un business comme un autre.

Mais en France, impossible de filmer. Personne ne m'a laissée entrer dans un élevage industriel. Encore moins dans un abattoir. Résultat, quand mon documentaire a été diffusé, cette impossibilité de tourner en France a été mal interprétée. Les spectateurs qui ont vu le film se sont sentis presque rassurés.

Je ne compte plus le nombre de réactions, étrangement soulagées, que j'ai reçues. « *Ça fait peur ce qui se passe à l'étranger. Heureusement qu'en France, c'est autre chose.* » « *Ici, on a de la qualité, du terroir, des petits élevages. D'ailleurs, moi je fais attention, j'achète toujours ma viande chez mon petit boucher du coin.* » « *Merci d'avoir montré qu'en France, nous avons un autre modèle, plus familial* », m'écrit même un téléspectateur.

Le fameux modèle familial français. Au mois de mai 2024, le ministre de l'Agriculture Marc Fesneau martèle cette phrase à l'Assemblée nationale, en détachant bien ses mots : « *L'élevage industriel n'existe pas en France.* »

Qui peut être mieux placé que lui pour le savoir ? Son prédécesseur Julien Denormandie l'a répété lui aussi sur tous les tons : « *La France, c'est une production familiale, tournée vers la qualité. Il faut être fier de notre modèle agricole.* »

Tout, dans notre environnement, semble leur donner raison. Les publicités qui mettent en scène des agriculteurs travaillant dans la paille, aux côtés de leurs bêtes. Les noms de terroirs variés, affichés dans les vitrines de nos boucheries. Le Salon de l'Agriculture, qui, chaque année, expose des animaux pimpants et tous, bien sûr, dotés d'un prénom.

Mon documentaire raconte une histoire mondiale, à laquelle la France participe pleinement, et j'ai pourtant le sentiment d'un échec. Quoi qu'on fasse, quoi qu'on dise, les Français restent persuadés d'avoir un modèle agricole unique.

Pourtant, le propos me paraissait aller de soi. Pourquoi la France aurait-elle échappé au sort commun ? Nos modes de consommation sont les mêmes que ceux de tous les pays occidentaux. Après-guerre, nous nous sommes rués, nous aussi, sur les plaisirs de la consommation de masse, des maisons individuelles, de la mode jetable, de la voiture pour tous, et des vacances au soleil en plein hiver. Pourquoi aurions-nous emprunté une voie différente en ce qui concerne l'élevage ?

Alors, en préambule, disons-le tout net, et sans ambiguïté : nous n'avons pas pris de chemin de traverse, bien au contraire.

L'élevage intensif est un système qui vise à maximiser les rendements tout en minimisant les coûts, sur une surface la plus réduite possible. Cela signifie le plus souvent une forte densité, un confinement des animaux en intérieur, et l'utilisation d'une sélection génétique poussée. La France est un leader en la matière. Elle élève ses animaux dans des systèmes industriels, comme les autres pays occidentaux.

Notre pays est le premier producteur de viande bovine et le premier producteur d'œufs d'Europe, deuxième producteur laitier européen. La France arrive juste derrière l'Espagne et l'Allemagne en nombre de porcs élevés sur son territoire. Elle est également le premier exportateur au monde d'animaux vivants, et le quatrième exportateur de produits animaux de l'Union européenne. L'immense majorité de la viande que nous consommons quotidiennement vient de bâtiments dans lesquels nous ne voudrions pas passer un quart d'heure.

La taille moyenne des élevages français est bien sûr loin d'atteindre celle des exploitations américaines, brésiliennes ou chinoises. Mais, outre que la France ne dispose pas des gigantesques espaces de ces pays, la taille des élevages ne dit pas grand-chose des modes de production. On peut produire en système industriel sur des surfaces réduites. On peut faire de l'élevage intensif sur de tout petits cheptels.

Rappelons rapidement d'autres chiffres spectaculaires, totalement incompatibles avec un élevage traditionnel. Les Français consomment deux fois plus de viande et de produits animaux que la moyenne mondiale. La France abat 3,5 millions d'animaux par jour, 1 milliard chaque année. Soit 2 400 animaux par minute.

Ces chiffres sont issus de statistiques publiques, publiées chaque année, et accessibles à tous sur le site internet du ministère de l'Agriculture. Pour ceux qui doutent : on les retrouve, à l'identique, sur les sites et publications des interprofessions et des industriels de la viande.

Ainsi, la filière lapin ne s'en cache pas. C'est écrit, noir sur blanc, sur la page d'accueil de son site internet : 100 % de ses animaux sont en cage. Idem pour la filière volaille, qui évoque ses 20 % de poulets de chair élevés en plein air… donc 80 % en bâtiment.

De son côté, Inaporc, l'Interprofession nationale porcine, indiquait jusqu'au printemps 2023 que 95 % de ses porcs étaient élevés sur caillebotis, c'est-à-dire en bâtiment fermé, sur des grilles en plastique ajourées, au-dessus de leurs excréments. Il y a quelques mois, la phrase a été reformulée et remplacée par un pudique : « *L'immense majorité des porcs sont élevés en bâtiment sur caillebotis.* »

Retenons-en l'essentiel : pour les pouvoirs publics, comme pour les professionnels de l'élevage eux-mêmes, il n'y a pas de place pour le doute. Ils savent que, en France, « *l'immense majorité* » des animaux d'élevages sont enfermés dans des bâtiments de béton et d'acier, et passent l'essentiel de leur courte vie sans jamais voir la lumière du jour.

Ils savent cela, et tout le reste.

Que la patrie des paysans a transformé ses éleveurs en ouvriers, travaillant en combinaison, armés de kärchers, dans des usines grises et éclairées au néon.

Que nos paysages et nos rivières sont dévastés par les pesticides, les engrais azotés, le lisier de nos animaux élevés hors-sol.

Que nos insectes, et les oiseaux qui s'en nourrissent, sont en train de disparaître massivement à cause des pratiques agricoles nécessaires à l'élevage.

Que l'intensification de l'agriculture continue sa course, et même, qu'elle accélère. Que les exploitations s'agrandissent toujours, que des entités financières s'en emparent.

Alors, pourquoi nous raconter une autre histoire ? Pourquoi est-il même si compliqué d'évoquer le sujet ?

Les discussions sur l'élevage et la viande sont souvent clivantes, peu rationnelles. Sur la scène politique ou au cours des repas de famille, le thème est toujours abordé avec un fond d'agressivité. Chacun se place, d'emblée, sur la défensive. Un peu comme si quelque chose de très profond en nous, dans notre culture, dans notre identité, était mis en cause.

Notre système d'élevage est pourtant très récent. Il ne date pas de l'homme des cavernes, ou de nos ancêtres les

Gaulois. Deux générations ont suffi à le mettre en place. L'élevage industriel est un système neuf, issu d'un choix politique fait après la Seconde Guerre mondiale. Et comme tout choix politique, nous devrions pouvoir le questionner.

Mais pour cela, il faudrait déjà pouvoir admettre son existence. Or, nous la nions. L'attachement que nous portons à « nos paysans », à ce « modèle familial à la française » est un déni en soi. Notre affection s'adresse à un fantôme, à un système qui a disparu. La paysannerie française a bel et bien été détruite dans les faits, mais pas dans nos imaginaires romanesques, peuplés d'agriculteurs couleur sépia.

Après la diffusion de mon documentaire, j'ai voulu prolonger mon travail, et en savoir plus. Comprendre ce déni généralisé, ce qu'il signifiait, ce qu'il disait de nous. J'ai commencé une nouvelle enquête, en France cette fois.

Ce que j'ai découvert, c'est que le système actuel a besoin de faire vivre le souvenir de celui qu'il a fait disparaître. L'élevage industriel, après avoir détruit un modèle entier, se sert de sa mémoire pour perdurer, et interdire tout retour en arrière.

Le déni est central dans la perpétuation d'un système. Il est même ce qui permet de le maintenir en place. Paradoxalement, le succès de l'élevage industriel dépend de ses représentations nostalgiques. Pour vendre de la viande en barquettes, l'élevage intensif a besoin d'images positives, que les fermes-usines ne peuvent pas lui fournir.

Pour justifier la destruction de nos campagnes, la détresse des éleveurs, la souffrance de millions d'animaux, et notre avenir mis en danger, il lui faut un discours, un modèle, un horizon. Nous-mêmes, pour manger de la viande tous les jours, nous avons besoin d'histoires, de récits auxquels croire.

Pas de haine de l'autre, dit-on, sans un récit qui l'accompagne. Pas de business sans croyance. Il a fallu raconter des fables, écrire des contes. Et faire taire les voix discordantes.

Alors, comment ces processus ont-ils été mis en œuvre ? Comment cette idée folle, tuer plus de 3 millions d'animaux par jour pour en faire des apéritifs ou des bonbons, et en jeter un tiers à la poubelle, est-elle devenue acceptable par tous ? Qui a façonné cet imaginaire, si loin de la réalité ? Qui trouve intérêt à faire perdurer ces récits ? Pourquoi, nous, citoyens, les acceptons si facilement ? Et en quoi ces mythes, construits de toutes pièces, nous empêchent aujourd'hui d'agir ? Voilà les questions auxquelles je voudrais tenter de répondre, même partiellement.

Mon point de vue est celui d'une journaliste qui a grandi en ville. Je n'ai aucun présupposé sur le sujet, et encore moins de regard militant.

Je suis une enfant des années 1980, ma génération a été gavée à la viande et aux produits laitiers. J'ai adoré les steaks hachés ovales servis avec des petites pommes de terre Dauphine, le repas le plus courant de mon enfance, le plus festif aussi. J'ai aimé aussi les coquillettes aux petites saucisses Knacki, et même la langue de bœuf à la cantine. J'ai mangé des yaourts tous les jours « pour éviter les fractures », dévoré des kilos de McDo dès mon adolescence. Je peux réciter dix pubs pour saucisses, rillettes et saucissons par cœur. Enfin, je me suis rendue régulièrement au Salon de l'Agriculture caresser des animaux dont j'étais persuadée qu'ils retourneraient ensuite pâturer dans leurs champs, et dormir dans la paille.

Je n'ai pas encore tranché sur la façon de régler le problème à titre individuel. J'ai réduit ma consommation de produits animaux le plus possible, certaine d'une seule chose : l'élevage industriel, la « production » d'animaux faite à grande échelle, pose un problème global, systémique, auquel il faut apporter une réponse collective.

Et puisqu'il s'agit avant tout d'imaginaires, de récits, de représentations : c'est aux faits eux-mêmes qu'il faut d'abord revenir. Nous mangeons aujourd'hui, en France, des produits animaux plusieurs fois par jour, sans trop savoir pourquoi, issus d'un système qui ne profite plus à personne : ni aux éleveurs, ni aux consommateurs, ni aux animaux, ni à la terre.

Nous ignorons volontairement l'essentiel de ce système. Et pourtant, même les moins curieux savent, au fond d'eux-mêmes, que quelque chose ne va pas. C'est ce que je vous propose d'aller explorer ensemble. Comme le dit l'adage : il est facile de réveiller quelqu'un qui dort. Aucun vacarme ne réveillera celui qui fait semblant de dormir.

Chapitre 1

Nourrir le monde, une histoire de l'élevage intensif en France

Voyage au Vietnam : la viande, c'est le progrès

J'ai été moi-même, très longtemps, prisonnière du mythe de la petite ferme française. Paradoxalement, il a fallu que je parte de France pour ouvrir les yeux sur ce qui se passe dans mon propre pays. C'est au Vietnam, lors du tournage de mon documentaire, que j'ai compris comment fonctionnait notre système. Et surtout, sur quelles illusions il s'était construit.

Cette prise de conscience a eu lieu dans une grande forteresse en béton. Je voyage alors avec Stéphane Jobert, chef opérateur, et David Sandras, ingénieur du son. Nous sommes partis au Vietnam pour illustrer la folle et récente accélération de la consommation de viande en Asie.

Pour arriver jusqu'à cette forteresse, nous avons pris un vol de Hanoï à Phu Yen, au sud du pays. Nous avons roulé ensuite deux ou trois heures au milieu des rizières en terrasse, aux verts sombres et changeants.

Nous mettons pied à terre devant de très hauts murs gris. Ils encerclent plusieurs bâtiments, comme s'il fallait les protéger d'une attaque extérieure. Des caméras de surveillance sont braquées vers l'extérieur. Une gigantesque porte en acier coulisse, pour nous faire entrer dans une cour intérieure.

Le directeur de l'usine, Van Loc Huyn, a fait le voyage avec nous. Il nous a invités à déjeuner quelques heures avant dans un grand restaurant, au bord de la mer.

Son usine est toute neuve, elle a été inaugurée un mois plus tôt. Au cours du repas, il nous a montré les photos de la cérémonie. Des jeunes femmes en robes traditionnelles brodées de fleurs ont coupé un ruban rouge, entourées d'une vingtaine de personnalités en costumes sombres, qui ont fait des discours. Il y avait là des représentants de l'industrie porcine, des élus locaux, et des membres du Parti communiste national.

L'usine de Phu Yen est aujourd'hui le plus grand élevage de porcs du Vietnam. Cinq mille truies gestantes y sont enfermées en permanence. « *Pour l'instant, c'est le plus grand site du pays, mais d'ici quelques années, ce sera le plus petit* », nous répète joyeusement Van Loc Huyn.

Nous allons passer trois jours en quarantaine. Nous pourrons ensuite visiter les lieux où sont élevés les porcs. Avant de pénétrer sur le site, il faut se désinfecter intégralement, biosécurité oblige. Il y a beaucoup d'animaux sur place, on ne peut pas prendre le risque de faire rentrer un virus. Van Loc Huyn nous indique la procédure à suivre. C'est simple, il suffit de suivre les consignes. Tout est expliqué par des dessins affichés sur les murs.

Nous nous postons, chacun, devant une première porte. Un bouton lumineux passe au vert, la porte s'ouvre. Dans une première cabine, il faut se déshabiller entièrement. Je pose toutes mes affaires dans un grand bac en plastique. Le bac va passer aux rayons UV, pour décontamination. Je récupérerai mon téléphone une fois à l'intérieur du site. Toutes mes autres affaires seront stockées à l'extérieur du site.

Deuxième salle. Je circule dans un petit labyrinthe dans lequel des tubes en acier projettent des liquides en spray dont j'ignore tout, mais dont j'imagine qu'il s'agit de désinfectants. Puis, douche, avec un produit que l'on m'a fourni. Il faut se laver soigneusement les cheveux et le corps. J'arrive enfin dans une cabine, où un uniforme en coton bleu ciel, pantalon et blouse, plié dans un sac en plastique, m'attend. Je suis prête.

La dernière porte se déverrouille automatiquement. Quand je sors, la lumière m'aveugle. J'y suis. Au milieu de la plus grande usine de porcs du pays. Au cœur de ce nouveau Vietnam qui se jette dans la viande, à corps perdu.

À l'écart des autres bâtiments, deux pavillons entourés de grillages. C'est ici que, comme tous les ouvriers qui viennent travailler sur le site, nous allons passer trois jours de quarantaine, avant de pouvoir pénétrer dans les centres de production.

Dans les chambres, des lits superposés en acier, un placard métallique remplis de pyjamas bleu clair, et des néons blafards. C'est propre, il y a des ventilateurs, et la télévision. On nous sert un repas dans une gamelle en acier, que nous mangeons sur notre lit. Les ouvriers, qui commencent leur quarantaine en même temps que nous, ont l'air plutôt contents. Assis par terre, ils écoutent de la musique sur leurs téléphones, ou appellent leurs proches.

Le Hoang Van, « Je suis ouvrière dans l'industrie porcine »

Je m'appelle Le Hoang Van. Je suis ouvrière dans l'industrie du porc depuis 10 ans, et dans cette usine-là depuis son inauguration il y a un mois.

Je suis cheffe de l'équipe de la ferme numéro 1 du camp. Voilà comment se déroule mon travail. Quand j'arrive ici, je passe trois jours en quarantaine. Ensuite, je reste sur le site deux mois d'affilée, sans m'arrêter, sans aucun jour de pause. Puis, je récupère tous mes dimanches : cela me fait huit jours de repos, tous les deux mois.

Donc, tous les deux mois, je peux aller passer une semaine dans ma famille. C'est court, parce que je dois prendre l'avion pour y aller, je perds presque deux journées de voyage. Mais sur place, j'en profite bien.

J'ai une fille de 8 ans. Je ne la vois pas beaucoup, mais elle va bien. Elle vit avec mon mari et mes parents. Je me suis organisée, je l'appelle tous les jours. Parfois, je l'aide même à faire ses devoirs.

Chez moi, on me critique. Certains membres de ma famille désapprouvent mon choix, ils disent que je ne m'occupe pas assez de ma fille. Mais je sais ce que je fais. Ce travail paie bien, il est sûr, et il y a des perspectives. Je ne veux pas en changer.

Je suis fière de travailler ici. Il y a des années, quand j'ai commencé dans le secteur, on nourrissait les animaux à la main, c'était très fatigant. Maintenant, tout est automatisé, ça a diminué de moitié le travail manuel. Tout passe par des logiciels informatiques. C'est pratique, plus simple pour moi, et pour mon équipe. Cela me plaît beaucoup de travailler dans ces fermes de nouvelle génération. D'ailleurs, dès que mon entreprise inaugure de nouvelles usines, plus modernes, elle m'y place toujours pour que j'aide à lancer la machine. Parce que j'aime ces endroits.

Les gens me respectent. Tous les matins, c'est moi qui répartis les tâches au sein des équipes. Je m'occupe de quelques événements exceptionnels, comme des cages à réparer ou des ouvriers malades à remplacer. Mais à part cela, c'est tous les jours le même planning : il faut gérer l'envoi des truies à la saillie, le sevrage des porcelets, le nettoyage des enclos, les distributions de nourriture, et les arrivées des nouveaux camions. Et on recommence.

J'aime vraiment ce travail. Ici tout est à sa place, tout fonctionne. Je suis heureuse quand on obtient de bons rendements, de bons chiffres, que les cochons engraissent bien. On voit les animaux grandir, grossir, ça se passe sous nos yeux, c'est concret, c'est nous qui réalisons tout ça. Avec mes collègues, on en est très fiers.

Trois jours plus tard, notre quarantaine s'achève. Nous allons enfin quitter nos pavillons et pouvoir accompagner les ouvriers sur leur site de travail. C'est reparti pour un tour dans les cabines de désinfection. Douche, course dans le petit labyrinthe, changement d'uniformes et de bottes. Ces gestes, il faut les accomplir à chaque nouvelle entrée ou sortie d'usine, six à huit fois par jour.

Les équipes se forment, nous les suivons. Nous nous rapprochons d'un bâtiment. J'entends pour la première fois un bruit de fond, qui s'accentue. Les cris des cochons, en continu. Ils ne s'arrêtent jamais. C'est une nappe sonore permanente.

Nous rentrons dans un couloir. Du béton, du béton, et encore du béton. Pas d'ouverture vers l'extérieur, aucune fenêtre. Dans les couloirs aux lumières blanches, certains murs sont couverts d'aluminium. On se croirait dans un vaisseau spatial, bas de gamme. Des portes ici et là, et devant chacune, des pédiluves, où l'on trempe ses bottes en caoutchouc.

Et voici la première salle. J'y découvre des centaines de cages en acier, collées les unes aux autres, à perte de vue. Tout est symétrique. Au-dessus des barreaux métalliques, de grands tubes en plastique transparents, vides pour l'instant. Par terre, entre les barreaux, les cochons. Ils ont de grands corps roses, palpitants. Allongés pour la plupart sur le côté, leurs regards sont intenses, et contrastent avec l'univers industriel dans lequel ils sont plongés.

Le directeur Van Loc Huyn, lui, est toujours aussi content. « *À 7 heures pile, c'est la distribution des repas, vous allez voir, c'est impressionnant.* »

Effectivement, à 7 heures, de la nourriture commence à circuler au-dessus de nos têtes, dans les tubes en plastique transparents. Des graines sont acheminées mécaniquement, et vidées dans les ruelles des porcs. Cela fait un bruit incroyable. Tous les cochons se jettent dessus, en un seul mouvement. Au milieu des travées en acier, la perspective offre l'image saisissante de centaines d'oreilles de porcs qui s'agitent toutes au rythme de la mastication.

Puis, le bruit s'arrête. Les porcs se rallongent. Prochain service à 18 heures.

Des ouvriers armés de grandes raclettes surgissent alors. Ils passent entre les travées. Ils balaient et grattent les déjections des animaux. Les cochons sont placés sur du caillebotis en béton : le sol, perforé par des fentes, est placé au-dessus d'une immense fosse à déchets. Les excréments qui n'y sont pas tombés sont repoussés par les ouvriers.

D'autres ouvriers, une bombe de peinture à la main, tâtent les bas-ventres des truies. Ils dessinent des croix de couleur sur le dos de celles qui sont prêtes pour la reproduction. Elles sont ensuite emmenées en salle d'insémination.

La technique est la même que pour les humains, elle se pratique à l'aide de pipettes d'injection. Mais pour recueillir le sperme des porcs, la technologie n'a pas encore trouvé de miracle. C'est donc un ouvrier, qui armé de gants blancs, masturbe les verrats bloqués sur un guéridon, et recueille leur semence dans de petits verres.

Van Loc Huyn, « Je fais partie de la révolution en cours »

Je suis directeur de production, je dirige cette usine d'élevage pour l'entreprise BaF, un grand groupe vietnamien. Comme tous les ouvriers qui travaillent ici, je ne viens pas de la région. Je suis né et je vis à Hanoï, mais j'ai été mandaté spécialement par le groupe pour monter cette usine. En général, je reste deux mois sur place, et puis je rentre chez moi. J'ai souvent des réunions au siège, ce qui me permet de voir plus régulièrement ma famille que les ouvriers.

Je travaille dans l'industrie porcine depuis toujours, mais j'ai rejoint l'entreprise BaF quand elle a été créée, il y a 5 ans seulement. Son développement est spectaculaire. C'est incroyable d'assister à ça.

En 2025, l'entreprise possédera 30 élevages comme celui-là. Et d'ici 2030, on aura ouvert une centaine d'usines, on vendra 6 millions de porcs par an. C'est très excitant de vivre un tel succès.

Les Européens qui viennent nous voir, comme vous, nous parlent toujours de bien-être animal. Bien sûr, nous allons faire des efforts. Mais nous sommes en plein changement de société. Il faut imaginer d'où nous venons. Nous n'avons pas les mêmes standards que vous.

La génération de mes parents a vécu plusieurs guerres. Nous n'avons pas eu accès aux mêmes biens de consommation que vous. La viande, à l'époque, c'était un bonus, quelque chose en plus. Dorénavant, nous pouvons en avoir tous les jours, à tous les repas.

Quand vous vous promenez à Hanoï maintenant, vous avez vu, il y a des KFC, des McDonald's, des voitures partout, et des gens avec des téléphones portables. Tout cela, c'était inimaginable il y a 20 ans. On sent que tout bouge. Et nous, on fait partie de cette révolution en cours. Ici, nous produisons de quoi nourrir les gens. Grâce à notre travail, le Vietnam n'aura plus à dépendre de personne. Le Vietnam doit être souverain. Je ne veux pas passer à côté de cela. C'est le sens du progrès.

Les phrases de Van Loc Huyn, comme celles de l'ouvrière Le Hoang Van me sont étrangement familières.

Je réalise alors que je les ai entendues des dizaines de fois en France. Les mêmes mots, les mêmes tournures : la guerre, la faim, les pénuries. L'excitation d'une société qui change, qui se modernise. La joie d'y participer. Un monde nouveau qui se dessine. L'abondance. La souveraineté alimentaire. Des mots, des slogans, martelés comme s'il s'agissait d'un passage obligé sur le chemin du développement. Comme si aucune autre voie n'était possible.

Le rêve du Vietnam a été celui de la France, il n'y a pas si longtemps.

La guerre et la faim

De fait, comme au Vietnam, la faim n'est pas qu'un simple fantasme dans notre pays. Pendant la Seconde Guerre mondiale, elle a été une expérience réelle, partagée par le plus grand nombre. Elle a laissé des traces indélébiles.

La faim, c'est le retour de la peur la plus élémentaire, la plus vitale. Celle qui vous saisit plusieurs fois par jour. Manquer. Avoir le ventre creux. Chercher de la nourriture. C'est une angoisse toujours prête à ressurgir, comme en témoignent les stocks que les Français constituent chez eux à chaque crise, vidant les rayonnages des supermarchés pendant le Covid, ou à la première annonce de grève de camionneurs.

Or, de tous les aliments, c'est bien la viande qui a le plus manqué pendant ces cinq années de guerre. Dès décembre 1939, avant même l'Occupation allemande, la consommation de viande est interdite trois jours par semaine, du lundi au mercredi. C'est ce qu'on appelle les « jours sans », une expression passée dans le langage courant aujourd'hui.

Après la défaite, le 17 septembre 1940, le régime de Vichy décide de rationner la viande, le pain et le fromage. Des cartes d'alimentation sont distribuées à la population. Les quantités de nourriture sont attribuées en fonction de l'âge et de la profession, avec des catégories : enfants, femmes enceintes, travailleurs de force, travailleurs agricoles, personnes âgées.

Plus encore que le pain et le fromage, la viande devient le produit le plus compliqué à obtenir. C'est à cause des réquisitions allemandes, et de la désorganisation générale du secteur agricole : des centaines de milliers de paysans, mobilisés dans l'armée, sont prisonniers en Allemagne.

Mais aussi parce que de nombreux éleveurs gardent leurs bêtes pour le marché noir, qui ne profite qu'à une petite minorité.

Pour un adulte, la quantité de viande autorisée est d'abord de 360 grammes par semaine. Elle ne cesse de diminuer ensuite : 250 grammes en mars 1941, pour atteindre 60 grammes en 1944 dans certaines régions.

Les Français souffrent. Les enquêtes sanitaires menées pendant la guerre le montrent : la mortalité augmente chez les nourrissons et les vieillards. Les enfants font des arrêts de croissance. Les adultes perdent en moyenne entre 7 à 10 kilos. La population devient plus vulnérable aux maladies, les cas de tuberculose progressent sur l'ensemble du territoire.

Alors, à la Libération, l'abondance devient une obsession. Tout semble enfin possible. Les boîtes de bœuf en conserve distribuées par les soldats américains ont un goût de liberté, de revanche. Il faut donner un gigantesque coup de balai, repartir de zéro, profiter de la ruine d'un système pour tout reconstruire.

La France rebâtit ses bâtiments détruits, ses ponts calcinés, mais aussi ses institutions politiques, sa presse, son système de santé. Le chantier est global, gigantesque. L'agriculture doit faire partie de cette reconstruction, elle doit repartir sur des bases nouvelles. La faim doit disparaître des mémoires.

Cet instant précis, ce désir de changement, représente un point de bascule majeur de tout notre système agricole et alimentaire. C'est le début aussi d'un nouveau récit sur notre agriculture.

Chaque histoire a son héros, chaque roman son incarnation. Celui de la révolution agricole s'appelle Edgard Pisani.

Edgard Pisani, « Je n'aime pas le mot petit »

Sur les images d'archives en noir et blanc, je découvre sa silhouette haute, et son fin collier de barbe noire. Il a une voix forte, et des manières tranchantes. Edgard Pisani est né à Tunis en 1918, dans une famille d'origine italienne. Il arrive en France à l'âge de 20 ans pour y faire ses études.

La guerre bouleverse sa vie. Il entre dans la Résistance, se bat armes à la main, notamment lors des combats qui se déroulent à la Préfecture de police de Paris pendant la Libération. Son rôle passe à la postérité dans le film *Paris brûle-t-il ?* de René Clément, où il est incarné par Michel Piccoli.

C'est à la guerre qu'Edgard Pisani doit sa découverte de l'agriculture. Entre deux missions, le jeune résistant doit se cacher. Il passe alors trois mois dans une ferme, chez un couple en Mayenne. Dans ses Mémoires, écrits en 2004, il raconte son apprentissage : « *J'ai fauché, entré les betteraves, ramassé les pommes, moissonné. J'ai porté à mon épaule des sacs de 60 kilos. Je les ai montés au grenier par une échelle branlante, sous le regard narquois des garçons et le regard inquiet du père. J'étais poussé par l'orgueil du citadin qui ne voulait pas que ces culs-terreux lui en remontrent. J'ai tellement aimé cette initiation.* »

La Résistance est un accélérateur. À la Libération, Edgard Pisani a 26 ans, il est nommé sous-préfet. Préfet deux ans plus tard, il se lance en politique, sous l'étiquette du Rassemblement des gauches républicaines. Une fois élu, Edgard Pisani est chargé d'une commission à la Défense puis à l'Énergie.

Il fait son travail, mais il s'ennuie profondément. Il est sur le point de démissionner quand, le 3 juillet 1961, son groupe lui demande de suivre le débat agricole qui commence alors au Sénat.

« *Il y a 50 orateurs inscrits,* écrit-il. *Je les écoute, ils font tous le même discours : les choses vont mal, l'État doit payer. Je suis le dernier à passer. Ayant vite choisi de ne pas répéter un discours cinquante fois entendu, je décide de jeter sur le problème agricole le regard d'un citadin.* »

Edgard Pisani griffonne des notes, et se lance. Son discours, brutal, réveille tous les sénateurs. Les mots claquent. « *Sortons de ce dialogue de prétendus gens polis qui échangent de bons arguments, mais ne se posent pas de vraies questions. Le dialogue nation-agriculture doit être cruel pour être fécond.* » Cruel, le dialogue le sera. Et même sanguinaire, pour nos petites fermes familiales, qui, à cette époque, existent encore réellement.

Car Edgard Pisani poursuit, et dévoile clairement le fond de sa pensée : « *Je suis de ceux qui ne défendent pas les petites exploitations familiales parce que, dans cette expression, il y a un mot de trop, c'est le mot "petite".* »

Et il enfonce le clou : « *S'il est vrai que nul moyen économique raisonnable ne permet de donner à une exploitation son niveau d'équilibre économique, il faut accepter qu'elle disparaisse.* »

Pas de faux-semblants : les petites exploitations doivent disparaître sur l'autel de la modernisation. Le discours séduit, au plus haut niveau. Quelques semaines plus tard, le général de Gaulle le fait appeler.

Edgard Pisani raconte encore : « *Le téléphone sonne. C'est le Premier ministre qui m'appelle. "Allô ! Edgard ? Vous vouliez du travail parce que vous vous ennuyez. Acceptez-vous d'être ministre de l'Agriculture ?"*

Ma réponse est positive mais je pose des conditions : c'est du ministère et non de Matignon qu'est conduite la politique agricole. Et je constitue mon équipe comme je l'entends. »

Les conditions sont acceptées. Edgard Pisani va rester 5 ans en poste, un record dans ce ministère. « *En me choisissant, le président de la République et le Premier ministre ont avalisé mon programme : établir la parité entre l'agriculture et les autres activités économiques.* »

Ses lois vont transformer pour toujours la société française.

Le remembrement, un « écocide sans mémoire »

La première de ses priorités, c'est accélérer le remembrement. Le terme désigne une immense réorganisation foncière, qui consiste à regrouper des parcelles pour en faire des plus grandes, et faciliter l'exploitation des terres.

En France, le remembrement a commencé au début du XXe siècle, d'abord à petits pas. Chapeauté par l'État, il est le fruit de décisions politiques prises à Paris. Années après années, des lois sont votées à l'Assemblée nationale, au gré de crises qui servent d'accélérateurs.

La fin de la Première Guerre mondiale, en 1918, est ainsi un moment clé. Plus de deux millions d'hectares ont été dévastés. Dans les plaines du nord et de l'est du pays, certaines terres ravagées par les obus sont abandonnées par leurs propriétaires. De grands espaces se sont libérés, dans lesquels on peut tout faire. C'est un champ d'expérimentation parfait.

Une loi autorise alors les propriétaires à se constituer en associations. C'est à eux de prendre, ensemble, la décision de remembrer leurs terres. Le résultat est limité : 615 remembrements sont organisés, sur une surface de 300 000 hectares.

En 1941, le régime de Vichy reprend le dossier en main. La France doit devenir le grenier de l'Europe. Il faut changer de méthode, accélérer la cadence. Pas question d'attendre que les propriétaires se mettent d'accord entre eux. Le régime est autoritaire, le secteur agricole n'échappe pas à sa férule.

Avec la loi du 9 mars 1941, le remembrement peut se faire sans l'assentiment de la majorité des propriétaires fonciers concernés. Il suffit désormais qu'il soit sollicité par un petit nombre de propriétaires, pour que le préfet puisse l'imposer.

Le changement est considérable. Le remembrement devient contraignant. Cette loi n'en est d'ailleurs pas vraiment une : à cette époque, le Parlement n'existe plus, le maréchal Pétain détient les pleins pouvoirs. Le texte, publié au *Journal officiel* du mois d'avril 1941, commence par ces termes : « *Nous, Maréchal de France, chef de l'État français, décrétons…* »

Il est pourtant conservé tel quel à la Libération. La démocratie est de retour, mais l'objectif n'a pas changé : en finir avec le morcellement de la France et augmenter la productivité agricole. Le cadre légal est posé, les milliers de tracteurs américains qui déferlent alors dans le pays, importés dans le cadre du plan Marshall, vont permettre une mise en pratique fulgurante.

En 1946, la France dispose d'à peine 100 000 tracteurs. On compte 145 millions de petites parcelles dans le pays. Taille moyenne : moins d'un demi-hectare. Utiliser des machines y est très difficile. Vingt ans plus tard, en 1967, après le passage d'Edgard Pisani au ministère de l'Agriculture, la France compte un million de tracteurs. L'engin est devenu symbole du progrès agricole, et s'installe dans le quotidien des fermes.

Pour laisser passer ces nouvelles machines, il faut faire de la place : arracher les haies, dévaster les talus et les petits bois. Alors, on fait appel aux bulldozers. Les arbres sont abattus par milliers, les terrains nivelés et uniformisés. Les tracteurs et les semoirs gorgés de graines, de pesticides et d'engrais peuvent déferler. Le champ est libre, au sens propre comme au figuré, pour l'agriculture intensive.

Localement, ce sont des « Commissions communales d'aménagement foncier », composées d'élus, de propriétaires exploitants, d'ingénieurs et de membres de l'administration, qui instruisent les projets de remembrement.

Des géomètres venus des villes viennent sur place examiner les lieux. Ils classent les terres en fonction de leur qualité. Une fois ce classement établi, ils définissent une nouvelle répartition des terres, fusionnées et regroupées autour des bâtiments d'exploitation. Les géomètres dessinent alors des plans, délimitent les contours des nouvelles parcelles.

Il s'agit d'un système d'échange : chaque propriétaire doit recevoir, en compensation des terres qu'il cède, d'autres terres, de productivité et de superficie équivalente. Égalitaire en théorie, le système est en réalité inégal et contraignant. La loi de mars 1941, en plus de donner de grands pouvoirs aux préfets, estime que les agriculteurs qui ne manifestent pas leur opposition sont d'accord avec les nouvelles attributions de terre.

En cas de litige, les exploitants ont deux semaines pour faire des réclamations écrites. Elles sont examinées par ces mêmes Commissions communales, dont le mode de désignation et la représentativité sont contestés : on y compte en effet beaucoup de gros propriétaires, de notables et de dirigeants agricoles. Une fois l'enquête clôturée, la répartition est définitive. C'est encore le préfet qui prend l'arrêté de prise de possession des nouvelles terres.

La loi d'orientation agricole de 1962 d'Edgard Pisani va accélérer considérablement le mouvement. Des primes sont offertes aux vieux agriculteurs pour qu'ils partent. Le montant versé est le double si le paysan cède sa terre à un voisin plus grand, plutôt qu'à son fils. La loi permet surtout la création des Sociétés d'aménagement foncier et d'établissement rural (SAFER). Ces structures disposent tout simplement d'un droit de préemption, sur n'importe quel terrain agricole. L'État, à la manœuvre, peut tout.

Une historienne américaine, Venus Bivar, professeure à Washington, a étudié l'histoire du remembrement dans notre pays. Dans ses travaux, elle insiste sur la singularité, la rapidité, et la violence du processus français. Le basculement, écrit-elle, vers un « *système agricole industrialisé n'a nulle part été opéré aussi rapidement et aussi intensément qu'en France* ». « *Get big or get out* », la politique étatique est brutale. Pour l'historienne, cette mutation sociale et économique « *n'a généralement été possible de la sorte que sous des États autoritaires* ».

À partir de 1955, les campagnes françaises comptent près de 100 000 départs d'agriculteurs par an. En l'espace d'une vingtaine d'années, la France perd un million de fermes.

La majorité des départs ne sont pas volontaires. Les petits paysans sont les moins bien lotis dans les échanges.

Incapables de faire des investissements, leurs fermes disparaissent à grande vitesse.

Dans les nouvelles grandes exploitations, les machines permettent aux agriculteurs de travailler avec moins de main-d'œuvre. Des centaines de milliers de paysans prennent alors le chemin des usines, qui, au même moment, recrutent massivement. La gigantesque usine Citroën, construite à Rennes en 1960, emploie 70 % d'agriculteurs qui viennent de quitter leurs terres.

Des fermes de plus en plus grandes voient le jour, possédées par un petit nombre d'exploitants. 17 millions d'hectares du pays, sur les 29 millions de surface agricole, sont remembrés en moins de 20 ans. Les travaux, subventionnés par l'État, bouleversent la mosaïque des parcelles, jusque-là cernées de talus et de chemins creux. Soixante-quinze mille kilomètres de haies vives sont détruits.

C'est une révolution des paysages, mais pas seulement. Les sociétés rurales qui y étaient liées, les animaux et les écosystèmes qui y prospéraient : tout cela disparaît. C'est une civilisation millénaire qui s'éteint, sans faire de bruit.

Michel Corrignan, « La seule fois où j'ai vu mon père pleurer »

Je suis né en 1947 dans la région de Pontivy, dans le Morbihan. Mes parents avaient une petite ferme en polyculture, ils possédaient une douzaine de vaches, quelques porcs, de la volaille, des prés pour faire un peu de céréales et pour nourrir les bêtes.

À la maison, il n'y avait pas d'eau courante, on allait tirer l'eau au puit. Le sol était en terre battue, l'électricité a été installée quand j'avais 6 ans. Ça fait un peu cliché quand je raconte tout cela, mais c'était la réalité. La modernité est arrivée dans les villes avant-guerre, puis dans les villages et les bourgs juste après la guerre. Nous qui habitions à la campagne, dans des fermes ou des maisons en zones rurales, avons été servis en dernier.

J'ai grandi là-dedans. J'ai le souvenir d'une enfance très heureuse, avec des copains, de l'entraide. On allait à la pêche dans le ruisseau, on gardait les vaches pendant les vacances. J'aidais aussi au foin et aux haricots.

Chez nous, le remembrement a commencé en 1957. J'avais 10 ans. On savait que ça allait arriver. Les hivers précédents, mon père avait passé son temps sur les talus à couper les arbres pour faire du bois de chauffage, parce qu'on lui avait dit qu'ils allaient être détruits, alors il préférait les utiliser avant. Les géomètres étaient déjà venus, on les voyait mesurer les terrains et placer des bornes un peu partout.

Et un matin, les bulldozers ont débarqué. C'est un souvenir d'enfance, et pourtant il reste très net dans ma mémoire. Je me souviens surtout d'un bruit terrible. Le village était très calme, silencieux. Personne n'avait de voiture, on travaillait avec des chevaux. Et puis tout d'un coup, on les a tous entendus, en même temps. Les bulldozers se sont mis au travail, ils ont démoli les talus et les haies. Pendant des jours, ça ne s'est pas arrêté. Le vrombissement des moteurs.

Le bruit que faisaient les arbres en s'écrasant sur le sol. Des grands arbres de 50 ans, parfois 100 ans. Ce grand craquement sourd, je l'entends encore aujourd'hui.

À côté de notre ferme, il y avait un petit bois de chênes, en pente douce, c'était un coin à cèpes extraordinaire. Je me souviens parfaitement de ce bulldozer qui est arrivé droit sur les arbres, et a tout détruit.

Trois ans plus tard, notre famille quittait la ferme. On n'a pas eu le choix. Dans les commissions de remembrement, c'était surtout les maires et les conseillers municipaux qui siégeaient. Or, les conseillers municipaux à l'époque, c'était toujours les mêmes : les plus gros paysans, les propriétaires terriens, les notables. Les répartitions leur étaient souvent favorables.

Nous, on était les plus petits paysans du village. Et on a été les premiers à devoir partir. On a vendu la ferme. Mon père travaillait avec un cheval, mais ses terres n'étaient plus adaptées à ce type de pratique. Il ne produisait pas assez par rapport à ses voisins, et il n'avait pas les moyens d'avoir un tracteur.

Pour lui, ça a été une grande souffrance. Il avait environ 50 ans, il était né paysan. Le jour où il a vendu le cheval, on a tous compris que c'était la fin. C'est la seule fois de ma vie où j'ai vu mon père pleurer.

Autour de nous, il y a eu plus de perdants que de gagnants. Je ne connais pas les statistiques, mais c'était très clair. Les petits paysans sont partis, à l'usine ou à la ville. Mon père a fini par travailler dans le bâtiment.

Au départ, ça a été un déchirement, mais finalement, il y a trouvé son compte. Il avait enfin un salaire fixe, des vacances. Ma mère surtout a été très soulagée. À la ferme, c'est elle qui devait traire les vaches à la main, deux fois par jour, tous les jours de l'année, qu'elle soit fatiguée, malade ou pas. La maison aussi a changé. On a découvert le confort, le carrelage, tout était plus simple pour elle. Je crois qu'elle n'était pas mécontente de quitter l'agriculture.

Mais au village, la vie n'était plus la même. Les jeux de mon enfance, les chasses aux lance-pierres, les ruisseaux, les coins à champignons, les chemins de promenade, tout avait disparu. Nous, les enfants, ça nous a tellement marqué qu'on passait notre temps à jouer aux bulldozers. Chez les adultes, c'était pire. C'est le lien social qui s'est détruit. Avant, les gens se retrouvaient tous les soirs pour les veillées, ou le dimanche pour des fêtes, des grands repas partagés. Mais là, ça n'était plus possible, il y avait trop de conflits, de rancœurs.

Toutes ces distributions de terres faites à coups de crayon à papier, ces traits tracés sur des cartes, ça a créé des zizanies pas possibles. Le verger du grand-père récupéré par la famille d'à côté, ça ne passait pas. Des voisins se couraient derrière les uns et les autres avec les fourches. J'en ai même vu qui ont sorti le fusil. Après, la plupart ont décidé de ne plus en parler du tout, pour ne pas rouvrir les plaies. Aujourd'hui encore, c'est très délicat d'aborder ce sujet à la campagne.

Nicolas Legendre, fils d'éleveurs bretons et journaliste, évoque le remembrement dans son livre-enquête sur l'agro-industrie bretonne, *Silence dans les champs* : « *Cet événement majeur demeure un impensé de l'histoire contemporaine française. C'est un écocide sans mémoire. Une guerre sans inventaire des pertes.* »

Un écocide sans mémoire, le terme n'est pas trop fort. Alors qu'ils formaient plus d'un tiers de la population active, les paysans ne représentent plus que 7 % des travailleurs en France au début des années 1980, 1,5 % aujourd'hui.

Cet événement massif, brutal, aurait dû laisser des traces dans les mémoires familiales, comme l'ont fait tous les grands épisodes de l'histoire sociale de la France : l'école obligatoire, l'émancipation des femmes, ou des événements plus sombres, comme la décolonisation ou la fermeture des mines.

Pourtant, le remembrement ne fait pas partie de notre histoire collective. Il n'a presque pas été raconté. Il n'y a pas eu de grand film, pas de chanson populaire, peu de témoignages. Pas de héros, pas de personnages incarnant ces faits, comme les mineurs de fond, les Poilus ou les pieds-noirs. Aucun livre d'histoire ou de sociologie n'a documenté la vie de ceux qui ont tout quitté : leurs fermes, leurs animaux, leurs arbres, leurs moyens de subsistance.

Peu dite, cette histoire paysanne du remembrement existe bel et bien. Elle est tumultueuse, variée, complexe. Il y a eu des actes de résistance, et même des révoltes. Il a fallu attendre 2024 pour qu'elles soient racontées par la journaliste Inès Léraud, dans son roman graphique : *Champs de batailles, l'histoire enfouie du remembrement.*

Ma famille vit, depuis des générations, à Conquereuil, près de Redon en Loire-Atlantique. C'est une région agricole, aujourd'hui largement dominée par l'élevage laitier et porcin. À l'époque, la plupart des fermes étaient en polyculture. Les vergers y étaient nombreux. À quelques kilomètres de chez nous, à Fégréac, les agriculteurs se sont soulevés contre le remembrement.

Cette histoire méconnue, Inès Léraud la détaille en longueur dans son livre. Fégréac est une des premières communes à avoir été remembrée, dans les années 1950. Et dès le début, les agriculteurs s'y sont opposés. Sur les 350 exploitants du village, seuls 12 acceptent les nouveaux lots qui sont attribués. Les contestataires arrachent les bornes placées dans les champs par les géomètres. Ils manifestent devant la mairie, et déposent des recours par centaines devant les tribunaux.

Tout bascule le 8 septembre 1953. Ce jour-là, des centaines de manifestants cassent les carreaux et tentent de pénétrer dans la mairie.

La préfecture décide d'envoyer la troupe. À coups de matraques et de gaz lacrymogène, un peloton de gendarmes et une brigade CRS matent violemment la manifestation. Il y a des blessés, des dizaines d'arrestations.

Pendant deux années entières, les gendarmes restent stationnés dans la commune. Ils protègent physiquement les bulldozers qui achèvent leurs destructions, et permettent ainsi, par la force, le remembrement. À l'Assemblée nationale, François Mitterrand, alors ministre de l'Intérieur, justifie l'envoi de renforts policiers, dénonçant « *l'opposition d'éléments peu soucieux de l'intérêt général, ni même de leur propre intérêt bien compris* ».

« *Pendant toute la durée des événements, les autorités recourent à la violence. Fégréac doit servir d'exemple* », écrit Inès Léraud. Les contestataires sont finalement condamnés à de lourdes amendes, et même à des peines de prison ferme. Aucun des recours en justice, déposés par centaines par les paysans lésés, n'aboutit favorablement.

Peu à peu, dans les décennies qui ont suivi, cette mémoire des résistances, la mémoire de Fégréac, a disparu. Aujourd'hui, c'est un village dortoir. Il ne reste que deux agriculteurs dans tout le secteur.

L'histoire ne correspond pas toujours à ce que l'on nous a raconté. Pourtant, sans que nous le sachions, l'empreinte laissée par le remembrement est partout. Pas une région n'a été épargnée.

Les paysages transformés

C'est un fait qu'on admet communément. Les vastes plaines céréalières de la Beauce, autour de Chartres, ne sont pas belles. Personne ne s'y arrête jamais. Tout est lisse, plat, homogène. Les lignes d'horizon ne sont brisées que par des poteaux électriques et des lignes à haute tension. Les champs sont uniformes, à perte de vue.

Je me suis souvent dit, quand je traversais la région en voiture, que la nature était ingrate, tout simplement.

Certaines régions sont vallonnées et jolies, d'autres non. Si ici tout est laid, c'est parce que le pays est plat.

En réalité, c'est bien la main de l'homme qui a, récemment, tout transformé. Il y a quelques dizaines d'années, les plaines de la Beauce ne ressemblaient pas à ces paysages sinistres. Comme partout ailleurs, ils étaient verts, changeants, diversifiés. La polyculture y dominait, on y cultivait des espèces végétales variées. Il y avait des talus, des haies pour empêcher les vaches de vadrouiller, des petits bois ici ou là, des mares.

« *On associe souvent le remembrement,* écrit Nicolas Legendre, *à la suppression des haies, étendard du fameux bocage. Mais celles-ci ne sont que la partie émergée de l'iceberg. Landes, prairies, tourbières, zones humides, mares, talus, sentiers, chemins creux, affleurement rocheux, arbres centenaires et cours d'eau secondaires ont été détruits ou modifiés par milliers.* »

Pour comprendre cette révolution des paysages, il faut se rendre sur un site internet fascinant, et addictif. Il a été créé par l'IGN, notre très ancien et sérieux Institut géographique national. Le nom du site fait rêver : « Remonter le temps ». L'exercice fait en réalité froid dans le dos. Dans une barre de recherche, il suffit d'entrer le nom d'une ville, d'un lieu-dit, d'un département. On accède alors à des images aériennes, prises à deux moments : les premières, en noir et blanc, en 1950, les autres en couleur en 2005.

Comparer ces paysages, avant et après, est sidérant. Quel que soit le lieu recherché, en Bretagne, dans le Sud, au Nord, dans les terroirs alsaciens ou au Pays basque : tous les territoires français ont été radicalement transformés. L'homogénéisation est totale. Autour des villes que l'on voit s'étendre partout, grignoter du terrain de leurs tentacules de béton comme si rien ne pouvait les arrêter, les champs sont devenus immenses, identiques. Des terrains carrés ou rectangulaires, des parcelles géométriques, gigantesques, uniformes, dont on devine rien qu'à les regarder le silence qui y règne.

Mais le remembrement a tenu ses promesses. En moins de 10 ans, la production agricole a doublé. La France est devenue une puissance agroalimentaire, capable d'exporter ses denrées. Dans le même temps, le nombre d'agriculteurs a été divisé par cinq. On en compte aujourd'hui moins de 400 000. C'est une extinction, quasi totale. Notre agriculture se fait désormais sans agriculteurs.

Plus d'espace pour les cultures, moins pour les animaux

Remembrement, mécanisation. Il manque encore un terme essentiel pour comprendre l'histoire récente de l'élevage français : la spécialisation de l'agriculture.

Jusqu'aux années 1950, la polyculture-élevage est le modèle dominant en France. Dans la majorité des fermes, on cultive du blé, des légumes, des fruits, tout en élevant quelques vaches et des poulets.

Les aliments des animaux sont produits sur place. Leur fumier est utilisé pour cultiver d'autres produits végétaux, que les humains consomment. La ferme fonctionne donc en autonomie, dans ce qu'on appellerait aujourd'hui une organisation d'économie circulaire. Le but est à la fois de se nourrir et de vendre en ville, sur le marché d'à côté.

L'industrialisation de l'agriculture entraîne la fin de ce modèle, et la séparation des cultures et de l'élevage. Grâce aux engrais de synthèse, la production végétale peut s'effectuer sans recours au fumier. Dans le même temps, la production animale peut s'effectuer sans terre, puisqu'on peut faire venir de la nourriture d'ailleurs.

Les fermes d'abord, puis des régions entières, se spécialisent, dans l'une ou l'autre de ces productions. C'est ainsi que l'ouest de la France se lance essentiellement dans l'élevage et la production laitière, et le Bassin parisien dans la culture de céréales.

Tout cela a des conséquences majeures sur la vie des animaux. Tandis que les exploitations agricoles s'agrandissent de manière spectaculaire, en parallèle, les espaces des bêtes, eux, rétrécissent soudainement. Leurs zones de vie se réduisent à toute allure. À partir des années 1960, les animaux se retrouvent confinés. Enfermés.

De fait, leurs espaces traditionnels ne sont pas adaptés à la spécialisation de l'agriculture. Les accès des étables sont compliqués, les issues étroites, et les bâtis en pierre difficiles à moderniser. Alors, en quelques années, on construit à la hâte des bâtiments de stabulation, les étables modernes, pour les vaches, accompagnés de leur salle de traite. Les ateliers « hors-sol », c'est-à-dire des bâtiments où les animaux sont engraissés en intérieur, nourris par des aliments qui ne sont pas produits à la ferme, se multiplient pour les poulets et les porcs.

Toutes ces constructions ressemblent à de grands hangars, accessibles par des routes goudronnées. Éloignées des maisons des agriculteurs, elles n'ont plus aucun lien avec l'architecture locale et historique des régions.

Le nouveau bâti agricole obéit à des critères exclusivement pratiques, il est fabriqué avec les matériaux les moins chers possibles. Structures métalliques, tôles, ciment, parpaings : qu'il s'agisse d'étables, de porcheries ou de poulaillers, la standardisation est totale, dans le pays entier. La France se couvre de bâtiments oblongs, mal dissimulés par des haies de conifères.

« *L'agriculteur est le gardien de nos paysages* », nous répète-t-on à longueur de journée. L'idée fait plutôt sourire quand on croise par dizaines de milliers ces hangars identiques, sites d'ensilage plastifié, cuves à lisier et autres bâtiments bétonnés.

Pour les animaux d'élevage, les événements s'enchaînent. L'aliment vient d'ailleurs. La nourriture se standardise. Pour accélérer leur croissance, on nourrit les animaux enfermés au maïs et au soja. Des antibiotiques et des vitamines sont administrés en masse aux bêtes entassées et privées d'air frais. Sans ces médicaments, elles ne tiendraient pas le coup. Les inséminations sont mises en place pour des rythmes de naissances plus cohérents. La sélection génétique simplifie la prise de poids et la production de lait.

La Bretagne, le tube à essai

Cette révolution de l'élevage a son laboratoire : la Bretagne. Là encore, Edgard Pisani est à la manœuvre. En février 1965, le ministre de l'agriculture organise un grand tour de la région, dont la presse rapporte qu'il est « *triomphal* ». Edgard Pisani annonce alors vouloir faire de la Bretagne « *un immense atelier de production de lait et de viande* ».

Faiblement industrialisée jusqu'aux années 1960, la région devient en quelques années une pionnière de l'agro-industrie. La Bretagne, écrit Nicolas Legendre, est un « *tube à essai, dans lequel on peut observer la façon dont le tsunami agro-industriel transforme les lieux et les âmes, comment il bouleverse nos paysages physiques et mentaux, ici comme ailleurs, à Loudéac comme en Illinois* ».

Plus tôt que les autres, de manière plus intense, la région devient une immense usine à produire des animaux.

Véronique Marchesseau, « Il a fallu choisir entre l'émigration ou l'élevage intensif »

Je suis éleveuse de vaches avec mon mari, dans le Morbihan. Ce coin, à l'époque, c'était une région très pauvre de la Bretagne. Dans les années 1950, il n'y avait ici que des familles très nombreuses. Beaucoup d'enfants, et pas de boulot. Tout le monde voulait émigrer. Le rêve absolu, c'était les États-Unis.

D'ailleurs, ça n'était pas qu'un rêve, c'était même très organisé. Les gens essayaient de partir groupés, ils se passaient des tuyaux, de familles en familles. Dans ces années-là, on croisait des recruteurs canadiens et américains qui sillonnaient la région en voiture. Ils s'arrêtaient sur les places des villages et ils proposaient du travail à tout le monde. Le mouvement était tellement massif qu'Air France a ouvert une agence à Roudouallec ! Et croyez-moi, ce n'était pas pour partir en vacances.

Aujourd'hui encore, si vous allez sur la grand-place de Gourin, dans le Morbihan, vous verrez, il y a une statue de la Liberté sur le port, comme à New York. Elle a été offerte par Air France au village, pour remercier les migrants bretons. Des milliers de personnes partaient chaque année. La région était clairement en train de se vider. Ça a duré une quinzaine d'années, entre la fin de la guerre et les années 1960.

Les parents de mon mari s'étaient inscrits sur les listes pour partir. Dans la famille, on dit même qu'ils avaient acheté leur billet d'avion, mais je n'ai jamais su si c'était vrai. Et puis, un jour, il y a un petit abattoir qui a ouvert à Langonnet. Mes beaux-parents étaient enfants d'agriculteurs. Ils se sont dit : il y a peut être moyen de rester. C'est comme ça qu'ils ont renoncé à émigrer aux États-Unis.

Ils ont commencé à travailler dans l'abattage. Ma belle-mère a eu des enfants, alors ils ont construit un poulailler pour qu'elle puisse rester à la maison, et ils ont commencé l'élevage de dindes. Les voisins ont fait pareil.

Quand je me suis mariée, je les ai rejoints sur leur élevage de dindes, mais je n'ai pas tenu. Dans ma famille, on était agriculteurs, mais on cultivait des légumes et des céréales. La première fois que j'ai vu toutes ces dindes entassées les unes contre les autres dans leur bâtiment, je me suis dit : ce sont des animaux morts.

Ça a été un tel choc pour moi, je suis vraiment tombée des nues. Je n'ai jamais pu m'habituer à ramasser des dindes mortes, par dizaines, tous les matins. Les techniciens nous disaient que c'était normal, qu'il y avait un pourcentage de pertes, que ça faisait partie du boulot. Mais moi je n'y arrivais pas.

On en a discuté longuement avec mon mari. Au bout d'un moment, on a décidé de changer de modèle. Ces dindes, on ne voulait surtout pas les manger. C'est quand même révélateur, non, quand un éleveur ne veut pas manger sa propre viande ? En système industriel, c'est le cas, le plus souvent.

Mais le chemin a été très long, ça nous a coûté très cher. Aujourd'hui, on fait des vaches allaitantes, c'est-à-dire des vaches destinées à faire de la viande, qui gardent leur veau avec elles. On a aussi ouvert un gîte à la ferme : on préfère avoir une autre activité économique, par sécurité, pour ne pas mettre tous nos œufs dans le même panier.

Nous, on s'en est sortis, mais entre-temps, pour la Bretagne, c'était plié. La région est le premier producteur de viande en France. On compte 10 animaux pour un habitant, vous imaginez ? Pourtant, vous aurez beau vous promener dans la campagne, tous ces animaux, vous ne les verrez jamais. Ils sont tous enfermés, et bien cachés. La

Bretagne, c'est devenu le frigo de la France. La région a été sacrifiée.

La Bretagne produit chaque année de quoi nourrir 22 millions de personnes, alors qu'elle ne compte que 3 millions d'habitants. 60 % des porcs et 40 % des poules pondeuses du pays y sont concentrés, sur 6 % de la surface agricole française.

« L'animal-machine », une pensée française

Mais alors, tout cela nous viendrait d'Amérique ? Sans leurs tracteurs, sans leur plan Marshall, nous n'en serions pas là ? Et si la France n'avait fait que subir un schéma qui, au fond, n'était pas fait pour elle ? Nous serions, encore une fois, un pays de résistants, et aurions réussi à sauvegarder, au moins partiellement, notre modèle.

C'est aller un peu vite en besogne. Le mythe du fier petit Gaulois dressé contre l'empire de Coca-Cola est en fait assez éloigné de la réalité.

Je suis allée interroger Éric Baratay, un historien un peu spécial. Il est agrégé, docteur en histoire, professeur à l'Université, et membre de l'Institut universitaire de France. Bref, il est bardé de diplômes. Mais quelque chose le rend unique. Cet historien a décidé de changer de perspective, et de se placer du point de vue des animaux. Il cite d'ailleurs souvent ce proverbe africain : « *Tant que les lions n'auront pas leur historien, les récits de chasse glorifieront les chasseurs.* »

Certes, les animaux ne peuvent pas parler, et raconter eux-mêmes leur histoire. Mais pour Éric Baratay, ça n'est pas un problème.

Il existe en effet de nombreuses sources historiques, très riches, qui témoignent de la place majeure que les animaux occupent dans la vie des humains. Depuis qu'ils ont été domestiqués, il y a cela plusieurs milliers d'années, les animaux ont travaillé pour nous, dans nos champs et dans nos mines. Ils ont porté nos fardeaux, ils se sont battus sur les terrains de guerre, ils nous ont tenu compagnie, et de tout cela il reste de nombreuses traces écrites.

Classifications, recensements, rapports vétérinaires, récits d'écrivains, journaux intimes : les archives, de toutes les époques, ne manquent pas. « *Les sociétés animales,* explique Éric Baratay, *ne sont pas des sociétés sans histoire, comme on l'affirmait encore, il n'y pas si longtemps, à propos des sociétés humaines dites "traditionnelles", ce qui montre au passage que dénier ou accorder une histoire à autrui n'est pas un geste innocent mais politique.* »

Ainsi, dans *Biographies animales. Des vies retrouvées*, Éric Baratay a pu raconter l'histoire de la girafe du Jardin des plantes, offerte par le Pacha d'Égypte au roi Charles X, de Warrior, le cheval héroïque de la Première Guerre mondiale que « *les Allemands ne pouvaient pas tuer* », ou encore du taureau qui a causé la mort du torero Manolete.

Pour lui, qui connaît cette histoire mieux que quiconque, il n'y a aucun doute : il existe bien une spécificité de la pensée française concernant les animaux.

« L'industrialisation de l'élevage en France est en grande partie liée à la Seconde Guerre mondiale et aux Américains, c'est vrai. Notre pays a importé des États-Unis ses tracteurs, ses produits phytosanitaires, ses engrais et ses antibiotiques. Mais l'élevage industriel n'est pas un monstre venu d'ailleurs, imposé par nos libérateurs avec des chewing-gums et du Coca-Cola. »

Bien avant la guerre, la pensée française a joué un rôle majeur dans la conception et le renversement de la relation humain-animal. « *Les Lumières, la rationalité française, Descartes et l'animal-machine sont vraiment des révolutions en soi,* explique Éric Baratay. *Descartes appelait l'homme à se rendre "comme maître et possesseur de la nature". Cette idée-là a eu des répercussions gigantesques, notamment au* XIX*e* *siècle, sur la mise en place, en pratique, de l'élevage industriel.* »

L'animal-machine. Une pièce maîtresse du raisonnement cartésien. Le philosophe l'évoque pour la première fois en 1637 dans son *Discours de la méthode*.

Cette idée s'inscrit dans une transformation profonde de la pensée européenne, en cours depuis le XVIe siècle. L'époque est fertile, on vogue alors de découvertes en découvertes.

William Harvey vient de découvrir que le sang circule dans tout le corps, et que le cœur n'est qu'une simple pompe. Galilée est certes condamné par l'Église pour avoir déclaré que la terre tourne autour du soleil, mais l'information est là, elle circule. Les automates fabriqués par des horlogers-savants sont de plus en plus précis, ils fascinent l'opinion publique. Le monde s'explique par des lois physiques universelles. Et Descartes se demande si on peut appliquer ces lois physiques au vivant.

Lui aussi veut tout expliquer par la physique et les mathématiques. Tout, sauf l'être humain, qui se différencie du reste du monde, par son âme, distincte de son corps.

L'enchaînement logique mis en scène par Descartes est implacable. L'âme ne peut être qu'immortelle, et aucun animal ne peut s'en prévaloir. Si l'on attribuait une âme à une autre espèce que l'homme, il faudrait logiquement l'accorder à toutes, et donc aussi « *aux huîtres et aux éponges* ». Impossible. La nature et les animaux fonctionnent de manière différente de l'être humain : mécaniquement, comme des automates.

En 1646, Descartes développe son idée dans une lettre adressée au marquis de Newcastle. « *Je sais bien que les bêtes font beaucoup de choses mieux que nous, mais je ne m'en étonne pas ; car cela même sert à prouver qu'elles agissent naturellement et par ressort, ainsi qu'une horloge, laquelle montre bien mieux l'heure qu'il est que notre jugement ne nous l'enseigne. Et sans doute que lorsque les hirondelles viennent au printemps, elles agissent en cela comme des horloges.* »

Les hirondelles migrent au printemps par automatisme, nous dit le philosophe. Ce qui se joue là va au-delà de l'identification de l'animal à une machine. Descartes produit un véritable renversement : ce qui pouvait être perçu jusque-là comme une supériorité d'une espèce animale par rapport à la nôtre, par exemple l'instinct des hirondelles, leur capacité à se guider sur des milliers de kilomètres, est inversé et devient le signe d'un automatisme sans âme. Dès lors, quel que soit le comportement de l'animal, qu'il soit simple ou qu'il soit complexe, il sera interprété comme un mouvement mécanique.

Descartes n'est pas le seul penseur de son époque à réfléchir à ces questions. Mais il est une des figures centrales de la philosophie occidentale, et surtout, c'est lui qui formule le mieux cette idée d'animal-machine.

La théorie est poussée à son extrême par son disciple, Nicolas Malebranche, qui écrit en 1674 : « *Il n'y a dans les animaux ni intelligence ni âme. Ils mangent sans plaisir, ils crient sans douleur, ils croissent sans savoir, ils ne désirent rien, ils ne craignent rien, ils ne connaissent rien.* »

Pour lui, les cris de douleur des animaux ne sont pas fondamentalement différents du bruit des rouages endommagés par un choc. On raconte que Malebranche aurait frappé une chienne devant témoins, sans s'émouvoir de ses cris : « *Ne savez-vous pas que cela ne sent point ?* »

Les Français, penseurs de la zootechnie

Simple raisonnement philosophique au XVIIIe siècle, la théorie de l'animal-machine prend un tour très pratique dès le siècle suivant, avec une autre révolution française : la naissance de la zootechnie.

Le terme apparaît en France dans les années 1840. La première chaire de zootechnie est créée en 1849, au sein de l'Institut agronomique de Versailles. La nouvelle discipline est alors ainsi définie : « *Il s'agit de créer une doctrine nouvelle de la production animale fondée sur la science expérimentale.* »

Quelques années plus tard, le Français André Sanson développe cette doctrine en longueur, en publiant en 1888 son *Traité de zootechnie*.

Il y reprend les termes de Descartes, mais va beaucoup plus loin. « *Les animaux domestiques sont des machines, non pas dans l'acception figurée du mot, mais dans son acception la plus rigoureuse. Ce sont des machines au même titre que les locomotives de nos chemins de fer, les appareils de nos usines où l'on distille, ce sont des machines donnant des services et des produits. Les animaux mangent : ce sont des machines qui consomment, qui brûlent une certaine quantité de combustible d'une certaine nature.* »

Et il conclut : « *L'activité de ces machines constitue leur vie propre, que la physiologie résume en quatre grandes fonctions : la nutrition, la reproduction, la sensibilité et la locomotion. Ce fonctionnement, qui caractérise la vie, est aussi la condition de notre exploitation zootechnique. L'occasion de dépenses et de rendements que nous devons balancer de manière à atténuer les prix de revient pour accroître les profits.* »

Tout y est. L'animal est une machine au même titre que nos locomotives. Il brûle des combustibles pour donner des services et des produits. Mais ce qui est vraiment nouveau, c'est l'apparition de notions comme le rendement, le profit. La zootechnie s'appuie sur la pensée des Lumières, elle a foi dans la science, qu'elle pense orientée vers le progrès. Dans un contexte de valorisation du commerce et de l'industrie, elle se met au service des « productions animales », et devient un outil de l'industrialisation de l'élevage.

Quand on regarde le vocabulaire employé par les zootechniciens, on réalise à quel point cette nouvelle discipline a inspiré le projet de la révolution agricole mené après-guerre par Edgard Pisani.

Dans les deux cas, la science se place comme étant supérieure à la nature, mais aussi aux intuitions profanes des paysans. Leurs savoirs seront désormais écartés au profit de ce qui est présenté comme une discipline scientifique, rigoureuse et incontestable.

André Sanson va ainsi mettre en place une typologie des races des animaux domestiques, encore utilisée aujourd'hui. L'idée est d'en améliorer le « *fonctionnement* ».

La zootechnie, explique André Sanson, « *vise l'utile et non le beau* », car « *il s'agit de réaliser des profits. Le meilleur animal n'est pas celui qui est reconnu le plus beau dans les concours placés au point de vue esthétique, mais bien celui qui rapporte le plus* ».

Cette typologie des races est un prélude à la sélection génétique réalisée à grande échelle aujourd'hui. La zootechnie est toujours une discipline majeure en France. Elle est enseignée dans tous les BTS de « productions animales », au nom si révélateur. C'est le cursus classique pour former les futurs agriculteurs aux métiers de l'élevage.

Les abattoirs industriels, de Chicago à la Villette

L'étape suivante est, pour le coup, américaine. Quelques décennies après l'émergence de la pensée zootechnique se joue un épisode décisif pour le développement de l'élevage industriel, à Chicago, dans l'Illinois. Cette ville va changer le destin de la planète, avec l'invention de l'abattage à la chaîne.

Je me suis rendue sur place, dans les faubourgs situés au sud de Chicago.

Du monde des premiers abattoirs industriels, il ne reste presque rien, si ce n'est une arche monumentale en pierre, surplombée d'une tête de bovin, qui marquait à l'époque l'entrée dans la grande zone d'abattage : l'Union Stock Yards, ou « The Yards ». Non loin de là, des hauts bâtiments en brique rouge éventrés, aux vitres brisées, prêts à être démolis.

Ce qu'a été le Chicago de la grande époque des abattoirs, c'est Dominic Pacyga qui me l'a raconté. C'est un Américain d'origine polonaise. Sa moustache et sa corpulence lui donnent des airs de Lech Walesa.

Les arrière-grands-parents de Dominic sont arrivés au début du XXe siècle aux États-Unis, mais il maîtrise encore la langue polonaise. Il a même gardé contact avec des cousins lointains qui vivent près de Cracovie, à qui il rend visite régulièrement. Son histoire est celle de dizaines de milliers de migrants européens – Ukrainiens, Irlandais, Polonais – venus travailler dès la fin du XIXe siècle dans les abattoirs de Chicago.

Le grand-père de Dominic Pacyga, Stanislaw, est mort en 1948 dans un des bâtiments des Yards, écrasé par un chariot chargé de viande. Malgré cela, toute la famille a continué à travailler dans les abattoirs.

Dominic a lui aussi poussé des carcasses, puis il est devenu garde de sécurité sur le site. Quand les abattoirs ont fermé définitivement, en 1971, il raconte avoir pris la plus grosse cuite de sa vie, à la vodka. Il est ensuite devenu historien, et conservateur du petit musée qui raconte l'épopée des abattoirs de Chicago.

Dominic Pacyga, « J'ai grandi près du plus grand abattoir du monde »

Dans le quartier de mon enfance, à Chicago, tout près des abattoirs, il y avait 56 églises. Quand j'étais petit, on me répétait cette phrase tout le temps : « Ici, il y a plus d'églises qu'à Rome. » On en était très fiers. Parce que c'était un quartier construit entièrement par les migrants, et que tous ces migrants venus d'Europe étaient très pieux, très catholiques. Et très pauvres aussi. On se battait pour travailler, littéralement. Les salaires étaient dérisoires, et il ne fallait pas protester. Les patrons avaient leurs propres milices qui venaient la nuit tabasser les syndicalistes, et ceux qui parlaient d'augmenter les salaires.

À l'époque, tout allait très vite. Entre le jour de naissance de mon arrière-grand-père et celui de mon grand-père, la population européenne a remplacé les Indiens, dans les prairies le maïs a remplacé l'herbe, et les vaches, les bisons ! C'étaient des transformations incroyables, qui se déroulaient sous nos yeux, sans retour en arrière possible.

Notre ville, Chicago, a vécu ça, elle aussi. C'était un gros nœud ferroviaire, qui a pris de l'importance pendant la guerre de Sécession, parce qu'elle était éloignée des lignes de front. L'armée y a centralisé ses commandes de viande pour nourrir ses troupes. Alors, les compagnies de chemins de fer ont financé un terrain de 130 hectares au sud de la ville afin d'accueillir des milliers d'animaux.

C'était la grande époque des cow-boys. Le matin, quand vous ouvriez votre fenêtre, vous pouviez les voir, sur leurs chevaux, arriver du Texas avec 200 têtes de bétail. Les cow-boys, c'est folklorique, ça fait rêver, mais il faut admettre que c'est une des manières les moins efficaces possibles de transporter la viande. Alors, ils ont été remplacés. Les wagons de chemins de fer réfrigérés sont arrivés. Ils pouvaient amener des milliers de bêtes d'un coup, et surtout, ils permettaient de renvoyer ensuite de la viande dans tout le pays, sans qu'elle se gâte.

Mais entre ces deux étapes, ce bétail, il fallait bien le tuer. Et c'est là que s'est jouée une révolution à Chicago, une vraie. Basée sur une idée lumineuse. Un jour, quelqu'un s'est dit : au lieu de tuer, dépecer, vider une bête au même endroit, ce qui prend des heures, on ferait mieux de la placer sur un rail, et de la faire se déplacer.

C'est tout simple, en fait. On pend la bête par un pied, à une chaîne. On attache cette chaîne à un rail placé en hauteur. Et on la fait avancer. À chaque poste, un ouvrier réalise une tâche différente. Le premier coupe la gorge. Un autre ouvre le ventre. Le troisième passe l'animal au chalumeau pour brûler les poils, etc. Ce n'est plus un ouvrier qui s'affaire autour d'une bête, c'est la bête qui avance vers plein d'ouvriers différents.

Et tout d'un coup, ce qu'un boucher, qualifié et formé, mettait 8 à 10 heures à faire, plusieurs ouvriers sur une chaîne peuvent le réaliser en 35 minutes. C'est un gain de temps incroyable. En plus, chaque geste est simple, n'importe qui peut le faire. On peut donc embaucher des ouvriers peu qualifiés, qu'on peut former en quelques minutes, sous-payer, et renvoyer tout aussi facilement.

En japonais, on appelle ça « satori »*, une illumination. Moi j'appelle ça une épiphanie. C'était une gifle en plein visage. C'était nouveau, c'était moderne. C'était rapide, c'était efficace. On allait pouvoir tuer des milliers d'animaux en un rien de temps. Et surtout, oh mon Dieu : il allait y avoir de la viande pour tout le monde, tous les jours ! Et tous ces migrants, tous ces mangeurs de légumes, dont les Américains se moquaient parce qu'ils ne mangeaient que des soupes et des potées de choux, parce qu'ils n'avaient pas les moyens de se payer de la viande, ont compris ce qu'il se passait.*

Alors, Chicago s'est transformée en une foire incroyable, destinée essentiellement à l'abattage. Entre 1893 et 1933, il n'y avait jamais moins de 30 millions de têtes de bétail en ville. Vous imaginez ? Cela fait beaucoup de moutons, de porcs et de chevaux. En 1890, la ville comptait 25 000 salariés dans les abattoirs. Ils produisaient 80 % de la viande consommée aux États-Unis. C'était même devenu une attraction touristique énorme. 500 000 personnes venaient visiter les abattoirs chaque année. Le roi des Belges, la famille impériale russe ont fait le déplacement. On vendait des souvenirs, des cartes postales.

Et puis, il s'est passé à Chicago un autre événement historique. En 1906, l'ingénieur Henry Ford a lui aussi voulu voir cette attraction. Il raconte cet épisode dans ses Mémoires. Il a vu tous ces porcs, pendus sur un rail et découpés à la chaîne, et il a eu un déclic. Il s'est dit : on peut peut-être faire l'inverse ? Est-ce qu'on pourrait assembler un porc, dans l'autre sens ?

A priori un porc, non, en revanche, vous pouvez assembler un objet, une voiture, en la plaçant sur un rail. Ce qui est découpé en morceaux peut être réuni pièce par pièce. Et il a commencé à le faire dans la banlieue de Detroit, en 1913, avec une chaîne de montage pour les rotors de dynamo. La productivité de ses ouvriers a soudain explosé. Et le fameux Model T, la voiture de base de Ford, a vu le jour.

Vous vous rendez compte ? L'industrie de la mort des animaux a précédé l'industrialisation du monde. Notre monde productiviste, voué à la consommation, celui qui fabrique par milliards des voitures, des chemises et des meubles, n'est pas né avec la voiture, contrairement à ce qu'on imaginait. En fait, il est né avec la mort de milliers d'animaux. Sacré vertige, hein ?

Les abattoirs français

En France, la naissance des abattoirs industriels suit rapidement le modèle américain. Jusque-là, les bouchers abattaient leurs bêtes sur leur lieu de vente, en ville, pour que la viande commercialisée soit la plus fraîche possible. On appelait ces lieux des « tueries ».

Mais les cris des bêtes, la vue du sang dégoulinant dans les ruelles, le danger parfois quand certains animaux s'enfuient, dérangent de plus en plus les habitants des villes. Alors, Napoléon Ier ordonne la création de grands abattoirs parisiens. Par un décret du 13 novembre 1806, il décide que cinq « tueries » seront bâties hors des enceintes de la ville. En 1818, il est désormais interdit de conduire les bestiaux à l'intérieur de la capitale.

Dans les années 1860, le baron Haussmann, qui a modernisé Paris, ordonne de centraliser ces cinq tueries, sur le modèle des usines de Chicago. La zone de la Villette, au nord-est de la ville, située au croisement de plusieurs chemins de fer et desservie par le canal de l'Ourcq, est choisie. Les abattoirs de Napoléon sont remplacés en 1867 par les Abattoirs généraux de la Villette, un parc gigantesque de 39 hectares.

Dans la « cité du sang », les bouchers sont remplacés par des ouvriers d'un type nouveau : les abatteurs, qu'on appelle aussi les chevillards, parce que les bêtes sont placées sur des crocs en fer, dénommées chevilles. En 1900, 23 000 moutons et 5 000 bœufs sont abattus et dépecés chaque jour à la Villette.

La mort invisible

Tout ce processus d'abattage industriel change profondément la nature des relations entre l'homme et l'animal. Évacuée de nos villes, reléguée dans nos banlieues, la mort des animaux est désormais invisible.

Les abattoirs ont quitté les centres-villes, on l'a vu, pour répondre d'abord à des objectifs sanitaires et économiques, puisqu'il s'agit de regrouper les petits abattoirs pour en construire de plus grands. Mais il y a aussi, à l'époque, un objectif moral.

La classe politique pense alors que le spectacle des tueries donne un mauvais exemple aux enfants et aux milieux populaires. Supprimer la violence exercée contre les animaux dans les villes pourrait réduire la violence entre êtres humains.

En 1850, la loi Grammont est votée. C'est le premier texte législatif qui interdit les actes de malveillance commis envers les animaux dans la sphère publique. Le général Grammont, à l'origine de la loi, était horrifié par les scènes de maltraitance de chevaux, souvent battus dans les rues par les cochers.

Cette loi a des effets pervers, contre-productifs. Car la violence exercée contre les animaux va se déplacer, être cachée délibérément aux yeux de la collectivité. Aujourd'hui encore, tous les abattoirs sont des lieux clos, placés loin des villes. Ainsi le lien est définitivement rompu entre l'animal, le cochon qu'on tue, et la viande que l'on mange le lendemain.

La mort des animaux est reléguée loin de nos yeux, de nos consciences. En 2016, le député Olivier Falorni le dénonçait à l'Assemblée nationale : « *En France, il est presque plus facile de visiter un sous-marin nucléaire qu'un abattoir.* » Sa proposition d'installer de la vidéosurveillance dans les abattoirs n'a jamais été adoptée. Pourquoi refuser la transparence ? Pourquoi vouloir cacher au plus grand nombre la réalité ?

D'autant que l'abattage à la chaîne a une autre conséquence pour les animaux. Ils sont, pour la première fois de l'histoire, intégrés à un processus de production industrielle. La création de ces usines d'abattage accélère la marchandisation des animaux. Dans ces sites gigantesques, on transforme désormais, à grande vitesse et au sens propre, des milliers d'êtres vivants en objets de consommation.

Dans la continuité de Descartes, les animaux sont devenus non seulement des machines, mais même des morceaux, que l'on peut assembler ou désassembler. Lancés sur des rails, découpés, envoyés ailleurs, les animaux s'apparentent de plus en plus à des objets, des stocks mesurables, quantifiables. Ils sont réductibles en chiffres, en données.

À Chicago, comme à la Villette, les animaux ont entamé leur transformation en une simple marchandise, injectée dans un marché capitaliste, à qui ils apportent de la valeur ajoutée.

« Soyez studieux, forts et vigoureux » : l'emballement de la consommation

Du point de vue des humains, une seule information émerge à ce moment-là. La viande est désormais accessible à tous. L'occultation de la mort laisse la place à une autre image après la Seconde Guerre mondiale : celle de l'abondance.

Dans les supermarchés, les étalages remplis de viande se déclinent dans toutes les nuances, du rose pâle au rouge vif. L'animal mort, anonymisé, est vendu en morceaux, en tranches, en bouts non reconnaissables. C'est le début de la consommation de masse.

La guerre n'est plus qu'un lointain souvenir. Les tickets de rationnement disparaissent en 1949. Dès 1950, les premières crises de surproduction surviennent. La France est largement rassasiée. Mais l'objectif de la révolution agricole a en réalité changé : il ne s'agit plus tant de nourrir les Français que de les nourrir pour pas cher.

Produire beaucoup a fait baisser les coûts. Le nouveau prolétariat des villes a désormais accès à une viande bon marché. En 25 ans, les quantités produites de blé, de lait, de viande de bœuf et de porc doublent.

L'alimentation, moins coûteuse, ne représente plus qu'une petite partie du budget du ménage. Cela dégage un fort pouvoir d'achat pour de nouveaux biens de consommation : l'électroménager, les voitures, les télévisions.

Et ça tombe bien : la productivité décuplée du travail agricole a libéré des bras pour l'industrie. Les anciens paysans sont partis en usine fabriquer tous ces nouveaux biens de consommation, et ils peuvent aussi en acheter.

L'industrialisation de l'agriculture n'est qu'un volet de la frénésie qui saisit alors la société. Tout change, en même temps. Maisons, vêtements, transports, loisirs : l'essentiel de nos modes de vie s'engouffre dans les grandes chaînes de la standardisation et de la consommation à outrance.

L'enthousiasme est total. Toute innovation est interprétée d'office comme étant un progrès. De fait, les femmes, notamment, y trouvent leur compte. La mécanisation des tâches et l'apparition de l'électroménager font chuter le temps hebdomadaire consacré aux tâches ménagères de 51 heures à 25 heures en moyenne.

Dans cette euphorie générale, l'explosion de la consommation des produits animaux pourrait presque passer inaperçue. Mais quelques faits précis marquent les mémoires. Il y a 1954 et le verre de lait distribué tous les jours à l'école, sur décision du président du Conseil, Pierre Mendès France. À l'époque, l'objectif est surtout de faire baisser la consommation d'alcool chez les enfants. Le vin et la bière servis habituellement à la cantine seront interdits définitivement en 1956. Un slogan accompagne cette opération : « *Pour être studieux, forts et vigoureux, buvez du lait* ».

En juin 1963, autre événement. Le premier Carrefour ouvre ses portes à Sainte-Geneviève-des-Bois, dans l'Essonne, inaugurant l'ère des hypermarchés. La voiture permet d'y accéder, il n'y a plus qu'à charger le coffre. La nourriture semble y être à volonté. La viande s'y décline sous de nouvelles formes. Viande hachée, blancs de poulets, nuggets : finis les abats, les os qui craquent, les tripes et les cervelles d'agneaux. Les grandes surfaces proposent des morceaux désossés, découpés, emballés, peu colorés : en un mot, désanimalisés.

Parmi toutes ces nouveautés, l'une va faire date : le steak haché sous vide, inventé en 1982 par Jean-Paul Bigard, patron du premier groupe d'abattage de bétail et de transformation des viandes en France.

Un coup de génie, qui libère là encore la femme, presque autant que Moulinex. Plus besoin de préparer la viande, de la hacher soi-même ou de la faire hacher par son boucher. Sorti du congélateur, puis de son étui en plastique transparent, le petit steak ovale se cuit en quelques secondes, et les enfants adorent ça. C'est tout juste s'il faut faire l'effort de mâcher.

C'est le début de la passion pour les nourritures molles, comme on en mange dans les crèches et les Ehpad. Les steaks hachés se préparent et s'avalent tout aussi facilement : en quelques secondes.

La courbe de consommation de viande suit une ascension vertigineuse.

Dès les années 1970, on mange environ 80 kilos de viande (équivalent carcasse, c'est-à-dire en incluant le gras et les os) par an. C'est deux fois plus qu'en 1900, quatre fois plus qu'en 1800. Un changement radical.

Aujourd'hui, les Français mangent 85 kilos de viande en moyenne chaque année par personne.

Quand on parle de manger de la viande, ça n'est pas seulement une ou deux fois par jour. Mais parfois trois, quatre, cinq fois, sous des formes différentes. Le petit saucisson de l'apéro, le burger du déjeuner, les pepperoni sur la pizza, la quiche aux lardons, sans parler de ce que produisent les animaux : des œufs et des produits laitiers à chaque repas.

Les Français mangent beaucoup de viande, et surtout, c'est important, bien plus que les autres. Deux fois plus que la moyenne mondiale, selon la FAO, l'Organisation des Nations unies pour l'alimentation et l'agriculture. Cinq à dix fois plus que les pays africains (17 kilos par an et par personne). Presque deux fois plus que les Chinois, qui en consomment 50 kilos par an et par personne.

À l'échelle européenne, nous sommes dans la moyenne : nous mangeons plus de viande que les Allemands et les Britanniques, un peu moins que les Espagnols et les Portugais, qui sont les plus gros consommateurs de produits carnés du continent. Les Australiens et les Américains, qui passent pour des carnivores enragés, ne sont pas si éloignés de nous : ils mangent 100 kilos de viande par an et par personne.

Les conséquences de cette consommation sont évidentes. Pour élever plus d'un milliard d'animaux terrestres tous les ans dans notre seul pays, il n'y a pas de secret. Il est impossible de le faire de manière artisanale. Produire des quantités aussi gigantesques de viande requiert à la fois une rationalisation des méthodes, d'importants moyens technologiques, et des organisations spécifiques. En un mot, une industrie.

Définir l'élevage intensif

Voilà, nous y sommes. Les Français mangent aujourd'hui de la viande plusieurs fois par jour. Pour faire face à cette consommation sans précédent, l'élevage s'est massivement industrialisé. Ce modèle domine largement notre pays depuis les années 1970.

Pourtant, il n'existe en France aucune définition officielle, ni de l'élevage intensif, ni de l'élevage industriel. Ces termes n'apparaissent pas dans les textes législatifs ou administratifs. Aucune statistique publique n'établit le nombre de fermes-usines sur notre territoire. Logique, puisque du point de vue des autorités françaises, ce type d'élevage n'existe pas en France.

Alors de quoi parle-t-on exactement ? Pour résumer, dans le langage courant, l'élevage « industriel » fait référence à la taille des élevages, l'élevage « intensif », aux méthodes employées pour élever les animaux.

Les responsables politiques français utilisent parfois, à l'oral, le terme « élevage industriel », quand ils veulent désigner des exploitations gigantesques à l'étranger. Les fermes de 100 000 vaches au Texas, les immeubles à cochons en Chine, tous ces élevages aux tailles démesurées permettent de solliciter des images efficaces, qui les distinguent de nos systèmes soi-disant vertueux.

Les associations de défense de l'environnement utilisent aussi parfois ce critère de taille, pour essayer de dresser des statistiques en France. À défaut de publications officielles, elles s'appuient sur une classification, celle des sites « ICPE » : les Installations classées pour la protection de l'environnement.

Ces « ICPE », ce sont des sites répertoriés comme susceptibles de créer des risques, des pollutions ou des nuisances. Par exemple, les déchetteries, les chantiers, les incinérateurs. Elles sont soumises à des réglementations particulières.

Les élevages en font partie, à partir d'un certain nombre d'animaux.

Ce régime administratif s'applique aux exploitations présentant plus de 750 places pour les truies, 40 000 places pour les volailles, ou encore plus de 400 vaches laitières.

Mais ces chiffres sont difficiles à utiliser. D'abord, à cause du détricotage méthodique et permanent de la réglementation par la puissance publique. Les gouvernements successifs ne cessent d'en relever les seuils, jusqu'à les vider totalement de leur substance. Ainsi en 2017, le gouvernement a décidé que seraient répertoriés « ICPE » les élevages de vaches comptant, non plus 200 bêtes, mais 400. Chaque changement de seuil permet d'améliorer les statistiques françaises, d'un coup de baguette magique.

Par ailleurs, la taille d'un élevage n'est pas suffisante pour définir son mode de production. On peut posséder un petit cheptel, et utiliser tout de même des méthodes extrêmement intensives.

Il faut donc ajouter d'autres critères que celui de la simple densité animale. L'absence d'accès à l'extérieur pour les animaux, une alimentation produite en dehors de la ferme, à des centaines, voire des milliers de kilomètres de là, ou le recours à une génétique tournée vers la productivité, sont des marqueurs intéressants, qui débouchent sur d'autres statistiques.

Si l'on applique ces critères, plus de 80 % des élevages français sont, en porcs et en volailles, intensifs. Dit autrement : 60 % des animaux sont concentrés dans seulement 3 % des élevages.

D'autres définitions peuvent être proposées. Ainsi la Confédération paysanne, un syndicat qui soutient les éleveurs mais dénonce l'industrialisation de l'agriculture, a choisi comme critère principal l'autonomie des agriculteurs. La financiarisation des structures, la présence de capitaux extérieurs, la perte d'autonomie technique, financière et décisionnelle des paysans dans leurs propres exploitations, déterminent si un élevage est industriel ou pas.

Toutes ces définitions, en réalité, peuvent se conjuguer. Jonathan Safran Foer, l'auteur américain du livre passionnant *Faut-il manger les animaux*, le formule très bien : « *L'élevage industriel, c'est comme le porno. C'est difficile à décrire, mais facile à identifier.* » Je suis assez d'accord avec lui. De petite taille ou gigantesque, plus ou moins autonome, plus ou moins polluant, l'élevage intensif ou industriel se reconnaît, à l'œil nu, par l'ensemble de ses pratiques, toutes destinées à produire le plus possible, au moindre coût.

Que l'on enferme, partiellement ou totalement, que l'on entasse, engraisse, ou sélectionne génétiquement, que l'on mutile un peu ou beaucoup, que l'on soit tout seul ou porté par une banque pour le faire, l'objectif de l'élevage intensif est toujours le même, central, obsessionnel : il s'agit de réduire des coûts de productivité au maximum. Il est au service d'une seule priorité, qui écrase toutes les autres : la quête du profit, de la rentabilité. C'est ce qui fait de l'élevage une industrie comme une autre. Et c'est bien notre modèle principal, en France, aujourd'hui.

« J'ai été productiviste, hier »

C'est alors que le plus fou de toute cette histoire est arrivé. Un fait, passé inaperçu, auquel je ne m'attendais pas. Edgard Pisani, l'homme qui avait foi dans le progrès, le ministre productiviste qui n'aimait pas le mot « petit », le héros de la révolution agricole, a jeté un coup d'œil en arrière. Après avoir tout démoli, et lancé notre pays sur les rails d'une transformation sans précédent, il a réalisé ce qui s'était passé. Et il a regretté.

En 2004, Edgard Pisani a 86 ans. Il écrit ses Mémoires : *Un vieil homme et la Terre*. Les premiers regrets affleurent, alors qu'il évoque sa découverte de l'agriculture, les souvenirs des trois mois merveilleux qu'il a passés chez un couple en Mayenne pendant la guerre. « *C'est là que j'ai vraiment découvert la terre, les paysans, les fermes, les bocages, les champs clos contre lesquels, sous prétexte de remembrement, je devais plus tard mener une campagne excessive.* »

Une campagne excessive… Edgard Pisani regrette-t-il simplement certains excès ? Quelques dérapages ? Plus loin, l'analyse est encore plus claire : « *J'ai été productiviste… hier. Ce qui se passe aujourd'hui m'inspire plus d'inquiétudes que d'espoir. À vouloir forcer la terre, nous prenons le risque de la voir se dérober. Pour vouloir mondialiser le marché, nous faisons fi du besoin que tous les peuples ont de vivre à leur manière, du travail de leur terre. À industrialiser le travail agricole, nous chassons des paysans dont les villes et les usines ne savent plus que faire.* »

Il ajoute enfin : « *Si la modernité prétendait imposer toutes ses découvertes, son modèle de consommation et la vision marchande réductrice qui l'anime ; si, éprise d'elle-même, elle prétendait façonner l'homme et brutaliser la nature, je ne pourrais m'empêcher de la considérer comme l'annonce d'une aventure barbare.* »

Plus d'inquiétudes que d'espoirs. Une aventure barbare. Cette fois, les mots sont limpides. La modernisation de l'agriculture a créé un monstre. La bête de Frankenstein s'est dressée sur ses essieux et a échappé à son créateur.

Chapitre 2

La vache qui cache la forêt

Le pré, par la fenêtre

Je prends souvent le train entre Paris et Rennes, pour me rendre dans la maison de mes parents, située en Loire-Atlantique, au sud de Redon.

Deux heures de trajet, pendant lesquelles les paysages défilent sous mes yeux. Malgré l'industrialisation de l'agriculture, ils semblent préservés.

Ils n'ont certes plus rien à voir avec ceux de la France d'avant-guerre, mais pour tous ceux qui, comme moi, sont nés dans les années 1970, c'est difficile à réaliser.

Le train file au milieu des champs. De la fenêtre, j'aperçois des pâturages, des petits bois, des haies, et les clochers des églises surplombant les villages. Mon regard est attiré par ce qui est beau, réconfortant. Le gel au petit matin. La brume sur les étangs. Et des troupeaux de bovins, qui broutent, paisibles, dans un pré. Les animaux sont rarement plus d'une dizaine. Leur vie a l'air douce.

Un biais se met en place dans mon cerveau. Ces vaches qui mangent de l'herbe ont l'air heureuses. Les éleveurs qui s'en occupent ont de la chance, ils vivent au grand air. La France n'a pas tellement changé depuis l'époque de nos grands-parents. Dormez tranquilles, braves gens, tout semble tellement rassurant.

Mais une question devrait me réveiller, d'un coup. Pourquoi est-ce que je n'aperçois que des vaches dans les champs ? Pourquoi ne vois-je qu'elles aussi, dans nos journaux télévisés, dans les documentaires, dans les Salons agricoles ? Pourquoi l'immense majorité des éleveurs qui prennent la parole dans le débat public sont des éleveurs de bovins ? Qu'est-ce que ces vaches disent de nous et de nos représentations mentales ?

C'est Romain Espinosa qui, le premier, m'a ouvert les yeux sur la place qu'occupent les vaches dans nos imaginaires. Et le rôle décisif qu'elles jouent dans nos mécanismes de déni en France.

Je l'ai rencontré dans un café du 5e arrondissement, près du Panthéon. Romain Espinosa est chercheur en économie au CNRS. Il est pétillant, souriant, son visage est creusé par des fossettes. Mais ce qu'il dit est dur à entendre.

Sa spécialité, ce sont les mécanismes de décision, qu'il étudie dans le cadre des questions animales. Dans son livre, *Comment sauver les animaux, une économie de la condition animale*, il a synthétisé l'ensemble des travaux menés en économie pour essayer de comprendre pourquoi nous faisons tant de mal aux animaux, tout en affirmant les aimer.

« *Les vaches,* m'a-t-il expliqué, *c'est une catastrophe dans nos représentations. Parce qu'on les voit beaucoup en extérieur, on a l'impression qu'elles sont bien traitées. D'abord, en réalité, ce n'est pas le cas. Ce n'est pas visible à l'œil nu, mais la majorité de ces vaches ont été écornées : on a coupé ou brûlé leurs cornes à la naissance. Si ce sont des vaches laitières, elles ont été séparées de leur veau le jour de leur naissance, elles seront inséminées tous les ans pour en avoir de nouveaux, et elles vont toutes mourir bien trop jeunes en abattoir… Mais les voir en extérieur, dans un pré, ça nous rassure, et surtout ça apaise notre désir de croire. Ça correspond tout à fait à l'image qu'on veut avoir de l'agriculture et de l'élevage.*

Le problème, c'est qu'on a tous des biais de représentations, et qu'ils sont très puissants. À partir d'une expérience individuelle, personnelle, on tire des conclusions, auxquelles on croit dur comme fer. Rien n'est plus fort qu'une histoire vécue. C'est le fameux : mon grand-père fume depuis plus de 70 ans, et il va très bien, donc cette idée que le tabac cause le cancer, franchement…

On croit avant tout en sa propre expérience, et on en tire des déductions. Si je vois des animaux d'élevage dehors, ça doit être le cas pour les autres. Mais ce qui est étonnant, c'est qu'on ne va pas jusqu'au bout de cette logique. La question suivante devrait être : tiens, mais où sont tous les autres ? Où se cachent-ils ? Où sont les cochons et les poulets que je mange plusieurs fois par semaine, voire tous les jours ? Ils doivent être nombreux, je ne les vois pas, pourquoi ? On ne va pas creuser ces questions, parce qu'on n'en a pas envie, tout simplement. »

C'est un fait : en France, à la différence des porcs et des poulets, les vaches ont souvent accès à l'extérieur. Les élevages bovins sont pour la plupart de taille modérée. Les fermes laitières élèvent en moyenne 47 vaches, celles destinées à la viande bovine entre 5 et 50. Comme ces exploitations sont plutôt petites, mais que la France possède le premier cheptel bovin européen, elles sont finalement très nombreuses. Ce qui explique la visibilité des éleveurs de vaches dans nos représentations et nos médias : ils sont plus nombreux que les éleveurs de porcs et de poulets.

Maintenant, plaçons-nous, non pas du point de vue des éleveurs, mais de celui des animaux. Et vous allez le voir, cela change tout. C'est difficile à croire, mais c'est absolument fondamental à comprendre pour la suite : statistiquement, les bovins ne représentent rien. Ils ne sont qu'une infime partie de la réalité de l'élevage.

Les bovins, ce sont 0,5 % des animaux abattus en France chaque jour. Vous avez bien lu : moins de 1 %. 11 000 têtes en moyenne par jour, selon les chiffres du ministère de l'Agriculture. Autrement dit, rien, au regard des quasiment 3 millions de poulets et de porcs abattus quotidiennement.

Or, de cet infime 1 %, on tire des généralités rassurantes. « *Je connais un éleveur, près de ma maison de campagne, ses bêtes sont magnifiques, j'achète tout chez lui.* » Et pourtant, posez-vous cette question basique, et posez-la autour de vous : où sont les 99 % d'animaux restants ? Avez-vous déjà vu un porc en extérieur ?

Jamais. À part sans doute au détour d'une promenade organisée pour les touristes dans le sud de la France et en Corse. Et là encore, il faut rappeler des évidences. Le jambon de Bayonne est bien local, mais il provient tout simplement d'une usine de porcs de la région, et non pas d'un pré où des cochons s'ébattent en liberté.

Quant aux porcs de race locale en Corse, on en compte environ 3 000. Ce ne sont donc pas leurs élevages qui fournissent en saucisson les 300 000 habitants de l'île, et encore moins les 2 millions de touristes qui débarquent chaque été.

90 % du figatellu que vous dégustez sur les terrasses corses en apéritif proviennent de carcasses de porcs industriels, de morceaux prédécoupés et congelés, directement arrivés de Bretagne, d'Espagne, des Pays-Bas ou de Roumanie. Ils sont, dans le meilleur des cas, « transformés en Corse ».

Les chiffres de l'élevage sont connus. Ils sont, on l'a dit, admis par les professionnels eux-mêmes : 95 % des porcs français, 80 % des poulets de chair, 60 % des poules pondeuses, 100 % des lapins, 97 % des pintades sont élevés en bâtiment. Au total, 8 animaux sur 10 vivent enfermés en France.

La plupart de ces animaux enfermés le sont dans des exploitations gigantesques. 66 % des élevages de porcs français concentrent plus de 2 000 animaux. Deux tiers des poulets destinés à faire de la viande sont élevés dans des exploitations de plus de 20 000 animaux. 55 % des poules pondeuses vivent dans des élevages de plus de 50 000 têtes.

Prenez le temps de digérer ces chiffres. Imaginez, essayez de dénombrer, non pas dix ou vingt, mais 2 000 porcs réunis en intérieur, ou 50 000 poules. S'agit-il vraiment de petites fermes ?

Le hors-sol est donc la règle pour l'immense majorité des animaux que, justement, vous n'avez pas vus dehors. Mais la vache dans son pré vous a rassuré, et surtout empêché d'y réfléchir. C'est assez logique au fond.

Pourtant, cette invisibilité, cet élevage qui se fait à l'abri des murs, loin des regards, est un fait majeur. L'élevage « hors-sol » n'est pas juste une méthode de production qui permet d'aller plus vite, d'éviter d'avoir à courir après ses bêtes et de gagner plus d'argent. C'est réellement la signature de l'élevage intensif. La marque d'une rupture historique, anthropologique.

Comme son nom l'indique, il s'agit de se libérer du sol, des contraintes qu'il impose. De se déconnecter des écosystèmes. L'animal ne fait plus partie de la nature. À quoi bon posséder de la terre ? On peut élever des centaines de cochons, des dizaines de milliers de poules dans des hangars de quelques mètres carrés. L'aliment sera produit ailleurs, acheminé en camion. Le hors-sol, c'est un rapport différent au monde, au vivant. C'est une toute-puissance de la rationalisation, qui présente la nature comme un élément à dompter, dominer, museler, et dont on peut finalement presque se passer.

Invisibles, entassés, enfermés, les animaux élevés en France ne voient jamais la lumière du jour. Ils ne sortent de leur usine que pour être emmenés à l'abattoir. Du point de vue des animaux, le hors-sol signifie l'impossibilité d'exprimer les comportements naturels propres à leurs espèces. Au-delà de l'horreur de vivre toute sa vie dans du béton, sans pouvoir voir le ciel, ressentir la fraîcheur de l'air ou tout simplement savoir à quoi ressemblent l'herbe, les arbres et les fleurs, ce sont tous les besoins liés à chaque espèce animale qui sont niés.

Le comportement naturel d'une poule, par exemple, c'est de grimper, escalader, se percher en hauteur pour échapper aux prédateurs et surveiller les alentours. Une poule doit pouvoir ouvrir ses ailes, prendre des bains de poussière, piquer et gratter le sol à la recherche de larves et d'insectes pour nourrir ses petits. Un porc doit pouvoir fouiner, creuser, humer, prendre des bains de boue pour se protéger des parasites et des coups de soleil, construire des nids dans la paille pour abriter ses porcelets.

En hors-sol, tout cela est impossible.

Voilà tout ce que la vache dans son pré, image paisible et relevant de l'exceptionnel, nous empêche de voir. Un petit mot tout de même pour ne pas trop fantasmer sur la belle vie de nos bovins. Leurs troupeaux sont certes de taille moyenne en France, mais ils s'agrandissent d'année en année. Par ailleurs, de plus en plus de vaches laitières sont enfermées en permanence, sans plus aucun accès à l'extérieur. Il y a dix ans, environ 110 000 vaches vivaient en étable toute l'année. Aujourd'hui, elles sont plus de 140 000.

Et ce n'est pas tout. Observons plus attentivement cette bête qui nous rassure, cette vache qui broute tranquillement, au sein de son troupeau. Cette image apaisée cache une autre violence, peut-être pire encore, et généralisée. Elle est quasiment impossible à déceler.

Car cette vache porte sur elle, en elle, la marque d'une torture plus insidieuse que l'enfermement, qui la suivra de sa naissance à sa mort. Cette violence, c'est son corps même qui la lui inflige. Un corps transformé pour être mis au service de la production de viande ou de lait. Cette violence, c'est celle de la sélection génétique moderne.

Changer le corps des animaux

Mes enfants, comme tous les enfants, adorent dessiner. Ce qui est amusant, c'est qu'ils le font tous de la même manière. Un bonhomme, c'est d'abord un triangle pour faire le corps, un rond pour la tête, deux grandes baguettes pour faire les bras, et tout au bout, plein de petits traits pour les doigts. Une maison a souvent un toit en pente, une porte arrondie, et une cheminée qui fume.

Et les vaches sont toujours représentées de la même manière : grandes, blanches, avec des taches noires.

Ces vaches, ce sont celles que les enfants voient dans leurs livres d'images, et celles que nous apercevons dans les prés, quand nous traversons la France. Ce sont des Prim'Holstein. Une robe tachetée de noir, une petite tête et un corps gigantesque. Elles ont parfois des cornes minuscules. Le plus souvent, elles n'en ont pas du tout.

Elles représentent 70 % du cheptel des vaches laitières françaises, et produisent 80 % du lait que nous consommons.

La Prim'Holstein est la vache la plus commune en France. Elle fait partie de notre imaginaire collectif. Pourtant, cette vache noire et blanche était inconnue chez nous il n'y a pas si longtemps. Si vous aviez traversé le pays dans les années 1930 ou même dans l'après-guerre, vous n'en auriez quasiment pas vu.

Vous auriez aperçu des vaches très différentes, issues de centaines de races locales aujourd'hui presque totalement disparues. Des vaches aux robes acajou, fauves ou rouge foncé, aux cornes de toutes formes, aux poils ras, longs ou frisés. L'Augeronne, la Berrichonne, la Pie rouge de Carhaix, la Cauchoise, la Cotentine, la Bressane, la Comtoise, la Fémeline, la blonde des Pyrénées, la Garonnaise, la Boulonnaise, la Marchoise… Un patrimoine naturel, vivant, varié, qui n'existe plus.

Ces dizaines d'espèces locales ont été remplacées, après la guerre, par trois races à viande : la Charolaise, la Limousine et la blonde d'Aquitaine. Du côté des vaches laitières, une seule a pris le dessus : la Prim'Holstein. On en compte 2,5 millions en France. La Prim'Holstein est présente dans tout l'Hexagone, mais elle n'a de lien avec aucun territoire, aucun terroir, aucune région particulière. Son ancêtre la plus directe est une vache hollandaise, introduite au XVIIIe siècle d'abord aux États-Unis, puis en France.

Après la Seconde Guerre mondiale, alors que la révolution agricole commence, Pierre Fromont, professeur d'université et spécialiste d'études rurales, signe un article, dans le journal *Le Monde*, au titre prometteur : « L'outillage biologique de la France ». Nous sommes le 8 septembre 1945. Il salue la modernisation de l'agriculture qui s'annonce, l'arrivée des tracteurs américains sur notre territoire, et les nouvelles technologies qui l'accompagnent.

Pierre Fromont est un avant-gardiste. Pour lui, il faut aller encore plus loin. La mécanisation de l'agriculture n'est que le début de quelque chose. La révolution, la vraie, va être de changer les animaux eux-mêmes. Transformer le bétail en machine à produire.

« *La production agricole présente un caractère extrêmement original qui en détermine impérieusement la technique et en fait d'ailleurs la valeur civilisatrice : l'être vivant constitue son instrument par excellence. La plante et l'animal sont les véritables machines-outils de l'agriculture ; ce sont eux qui donnent le grain, l'huile ou le vin, la viande ou le lait. Toutes les machines à travailler le sol ou à ramasser les récoltes ne sont que des auxiliaires.* »

Les bêtes, ces merveilleuses petites machines-outils. La référence cartésienne est limpide. La filiation, directe. Et Pierre Fromont développe, toujours dans *Le Monde* : « *La révolution technique agricole est loin de résider dans le remplacement du cheval ou du bœuf par le tracteur ; ce n'en est qu'un aspect, le plus spectaculaire sans doute, mais non le plus important. L'instrument essentiel de la production agricole est l'être vivant, plante ou animal ; son maître est le biologiste, et non le mécanicien.* »

Pourquoi s'embêter avec des outils mécaniques ? Pour produire des milliers de litres de lait dans une petite ferme, il suffit de travailler directement sur le corps de la vache, d'améliorer sa race. L'être vivant, simple instrument au service de la production agricole.

Par la magie de l'histoire, nous retrouvons ici notre zootechnicien français, André Sanson. Souvenez-vous, dans son *Traité de zootechnie*, publié en 1888, il avait mis sur pied une classification des races. Il avait aussi élaboré un arsenal mathématique pour définir l'animal parfait, celui dont les organes sont adaptés aux emplois qui vont en être faits : les sabots pour les chevaux, les pattes pour les chiens, les mamelles pour les vaches laitières.

La Prim'Holstein est la réalisation de son rêve. Dans les années 1960, une vache française issue de la race hollandaise, baptisée Frisonne Pie Noire, est croisée avec la Holstein américaine, issue de la même souche, mais meilleure productrice laitière. Sa première qualité est d'avoir de longs pis, parfaitement adaptés aux robots de traites, que les Français viennent de découvrir et installent en masse dans toutes les fermes.

En 1972, la Frisonne Pie Noire devient la première race française en termes d'effectif avec 6 millions de têtes, dépassant ainsi la vache Normande. Les inséminations artificielles sont réalisées à tour de bras à partir d'une poignée de taureaux champions toutes catégories. La sélection génétique est de plus en plus poussée, les résultats sont spectaculaires.

Les pratiques de sélection ne prennent plus seulement en compte les caractères morphologiques, les trayons et les mamelles comme le souhaitaient les zootechniciens, mais désormais aussi des critères de production, évalués à coups d'objectifs chiffrés : production de lait, vitesse de croissance, d'engraissement, indices de valeurs génétiques.

En 1990, la Frisonne Pie Noire devient la Prim'Holstein. Elle produit en moyenne 6 700 litres de lait par an. C'est deux fois plus qu'une vache en 1970 et presque quatre fois plus qu'en 1945. Merveilleuse petite machine, une Prim'Holstein produit environ 25 litres de lait par jour, 60 litres en pic de lactation, quand un veau a besoin de 8 à 10 litres de lait par jour.

Cette hyperproductivité a des conséquences. La Prim'Holstein est fragile, souvent malade. Elle souffre de mammites, des inflammations récurrentes et douloureuses des mamelles, causées par une production de lait trop intense. Elle boite, tant il est difficile de se déplacer avec de si grosses mamelles.

La sélection génétique trop poussée cause également des troubles de la fertilité, reconnus par tous les éleveurs laitiers. Près de la moitié du cheptel Prim'Holstein en France est concernée par ce problème. La concentration de tout le gras sur la mamelle de la vache provoque un amaigrissement général de l'animal et trouble son cycle. La consanguinité altère aussi le gène de la fertilité.

Résultat : après avoir donné naissance à deux ou trois veaux, la Prim'Holstein est abattue précocement. Sans veau, pas de lait, et sans lait, elle ne présente plus aucun intérêt pour l'éleveur. Elle part à l'abattoir en général avant 6 ans, alors qu'elle pourrait en vivre 20.

La sélection génétique a modifié son corps, mais aussi son comportement. On l'a compris, pour produire du lait, la vache est inséminée régulièrement : elle doit faire un veau chaque année, et en être séparée dès le jour de sa naissance ou le lendemain. L'insémination suivante aura lieu dans les 90 jours qui suivent la mise bas de son petit.

Les veaux sont alors placés dans des cases individuelles, et nourris de poudre de lait. La séparation est déchirante. La vache meugle, montre des signes de détresse. Elle peut appeler son veau, qu'elle croit perdu, pendant parfois plus d'une semaine. Pour atténuer cette réaction, la Prim'Holstein a alors été sélectionnée sur d'autres critères, comportementaux cette fois : sur ses aptitudes, son tempérament.

Au fil des sélections, cette vache est devenue moins attachée à sa progéniture, et moins apte à la prendre en charge. Pour Éric Baratay, l'historien des animaux, il y a là encore une rupture fondamentale. « *On a poussé la sélection génétique jusqu'à rompre le lien des générations. Or, cette capacité à s'occuper de ses petits, cet instinct-là, c'est ce qui a fait le succès du vivant. C'est ce qui a assuré la survie des espèces.* »

Il faut noter aussi que les vaches Prim'Holstein ne se reproduisent jamais directement avec un taureau. L'insémination artificielle, introduite en 1946 en France, s'est généralisée dans les années 1960, jusqu'à devenir la règle absolue aujourd'hui. Pourquoi ? Parce que l'insémination libère les éleveurs des contingences naturelles. Plus besoin d'entretenir un taureau, on peut faire vêler les vaches à tout moment, en cadence régulière et surtout en même temps. « *C'est une autre rupture sans précédent dans l'espèce*, explique Éric Baratay. *Car la fréquentation des taureaux est importante, pas seulement pour des aspects sexuels, mais aussi pour des questions d'affinités, de sociabilité. C'est le taureau qui permet aux vaches de faire société, d'établir des hiérarchies, des modes de collaboration.* »

Rendus malades par leurs propres corps, incapables de se reproduire avec un taureau, impuissants à élever leur propre progéniture. Drôles d'animaux que nous avons créés. Drôles de modèles pour nos enfants, qui adorent les dessiner.

Après une vie passée à la traite, la Prim'Holstein, dont les muscles ne se sont pas beaucoup développés, finit le plus souvent en steak haché.

Contrairement à ce qu'on imagine, nos hamburgers, les plats les plus consommés par les Français au restaurant, ne sont pas constitués de bœufs. En général, ils ne sont d'ailleurs pas constitués d'un seul animal, mais de morceaux agglomérés issus de plusieurs bêtes différentes.

Dans 80 % des cas, il s'agit de femelles, de ces vaches considérées comme en fin de course, conduites à l'abattoir au terme de leur production laitière ou de leur fonction de reproductrices. Dans 50 % des cas, ce sont bien des Prim'Holstein, nos vaches laitières, passées à la traite deux fois par jour tout au long de leur vie, qui terminent en steak haché, avant d'avoir atteint 6 ans.

Noémie, « J'élève des Prim'Holstein »

La Prim'Holstein, c'est une reine. C'est une championne, aucun animal au monde ne donne autant de lait. Alors quand on est éleveur, forcément, c'est la vache qu'on préfère. Je m'appelle Noémie, j'ai 25 ans, je suis agricultrice avec mes parents dans la Sarthe. On a 165 vaches, toutes des Prim'Holstein.

Moi, j'ai choisi ce métier essentiellement pour la relation que j'ai avec mes bêtes. J'aime passer du temps avec elles, réaliser des inséminations, voir les veaux naître. Or, c'est avec les vaches laitières qu'on peut passer le plus de temps. Les vaches allaitantes, c'est-à-dire les vaches qui sont destinées à faire de la viande, et qui gardent leur veau avec elles, on ne s'en occupe pas tant que ça. On attend juste qu'elles grandissent et qu'elles engraissent. Alors que les vaches laitières, on les emmène à la traite deux fois par jour. Chez nous, on trait une première fois à 6 h 30, et une autre à 17 heures. C'est là que la relation se tisse. On les déplace, on leur fait une petite caresse, on leur parle un peu, on les observe.

Parmi toutes les vaches que je connais, mes chouchoutes, bien sûr, ce sont les Prim'Holstein. Elles peuvent donner jusqu'à 50 litres de lait par jour. Elles ont un corps parfait, de notre point de vue d'éleveurs. Maintenant, on utilise des robots pour traire. Et les Prim'Holstein, leurs mamelles ont des trayons longs, bien séparés, donc c'est plus facile pour les mettre à la traite mécanique. Vous me dites qu'elles ont l'air maigres. C'est vrai que sur le haut du corps, on voit leurs os, mais c'est parce qu'elles consacrent toute leur énergie dans la mamelle. Et puis, il ne faut pas qu'elles soient trop grosses pour les inséminations. Moi je les trouve belles comme ça, parce qu'elles dégagent beaucoup de force quand même.

Pour nous, éleveurs, nos vaches, c'est toute notre vie. C'est comme nos enfants. On les voit toute la journée. Si je pars deux jours en week-end avec des copains par exemple, très vite j'ai envie de rentrer : elles me manquent.

Alors oui bien sûr, un jour, il faut qu'elles partent à l'abattoir. Mais c'est comme ça : on n'est pas des collectionneurs. Ce qu'on fait c'est un métier, ça n'est pas un loisir. On gagne notre vie avec l'élevage, et ça fait des millénaires que c'est comme ça.

Pour que le métier d'éleveur soit pérenne, il faut qu'il s'inscrive dans un modèle économique. On ne peut pas avoir des vaches juste pour le plaisir, et quand elles ne donnent plus de lait, les garder avec nous et les faire vivre dans notre salon. C'est de l'utopie totale de penser qu'on peut avoir des relations avec des animaux en dehors d'un système économique réel.

Mon métier, il n'existe que parce qu'il y a un marché, parce que mes vaches produisent du lait et que j'en vends. Donc je ne peux pas faire autrement. Je leur donne la plus belle vie possible, je les nourris, je les soigne, je les protège du mauvais temps, de la pluie, du froid, et au bout d'un certain temps, elles partent à l'abattoir. C'est du donnant-donnant.

Si ce modèle n'existait pas, il n'y aurait plus d'animaux. Et moi, ce que j'aime, c'est vivre avec eux. Je ne pourrais jamais y renoncer.

Produits et sous-produits de la sélection génétique : le broyage des poussins

Peut-on aller encore plus loin ? Peut-on transformer un peu plus le corps d'êtres vivants en simple matière première ? Bien sûr.

Les porcs et les volailles ont connu le même sort que les vaches laitières. Les races locales de porcs ont rapidement disparu, au profit d'une uniformité génétique généralisée. Le Large White, venu d'Angleterre, représente aujourd'hui plus de 60 % du cheptel porcin français.

C'est un grand cochon blanc, aux oreilles dressées et aux longues pattes. Une race précoce, prolifique, qui peut « produire » 15 porcelets à chaque portée, quand un cochon sauvage, lui, met au monde entre 3 à 5 petits par an. Les Large White engraissent vite : un jeune mâle castré atteint les 100 kilos en 145 jours, alors qu'il mettait 200 jours à atteindre ce poids dans les années 1970. Comme les Prim'Holstein, les Large White ont des maladies causées par leurs corps. Ils peinent à porter leur propre poids, boitent et souffrent d'arthrose.

Chez les volailles, la sélection génétique a eu les mêmes conséquences. Croissance rapide pour produire plus de viande et plus d'œufs, causant des boiteries, malformations des os et autres défaillances physiques. Mais il y a, chez les poulets, un petit secret de fabrication qui vaut la peine que l'on s'y arrête.

Commençons par une curiosité, sur le plan du vocabulaire. Avec un simple mot qu'on utilise beaucoup : le poulet. Le poulet, ce n'est pas, comme le disent les enfants, le « mari de la poule ». Le compagnon de la poule, vous le savez, c'est le coq. Non, quand on parle de poulet, on veut généralement désigner les petits de la poule : mâles ou femelles, encore jeunes, que l'on va manger.

Or, voilà le petit secret. En élevage industriel, le mot « poulet » désigne en fait deux choses très différentes. Il y a d'abord les poulets « de chair », mâles et femelles, destinés à la viande. Et puis, il y a la race des « poulets de ponte », qui font des œufs. Ces deux souches distinctes de volailles ont été créées, de toutes pièces, dans les années 1960. Elles n'existaient pas auparavant.

Dans les fermes traditionnelles, une seule race, mixte, suffisait. La femelle pondait, et on mangeait mâles et femelles. Les poulets de ponte et les poulets de viande faisaient partie d'une même et seule famille. Aujourd'hui, ce n'est plus le cas. Les poulets de chair et de ponte ne se ressemblent plus. Ils n'ont plus rien à voir les uns avec les autres. On ne mange plus jamais la chair d'un poulet de ponte, ni les œufs d'un poulet de chair.

Les poulets « de chair », destinés à faire de la viande donc, sont gros et gras. Ils sont très différents de leurs ancêtres des basses-cours. Ils ont été ultra-sélectionnés génétiquement, et comme les vaches Prim'Holstein, ils se ressemblent tous. La souche à croissance rapide baptisée « Ross 308 » est la plus répandue dans le monde. Ces poulets, blancs pour la plupart, ont de très gros poitrails. Pourquoi ? Parce que les consommateurs, surtout les enfants, préfèrent le blanc de poulet, plus facile à mastiquer. Les chercheurs ont donc développé cette partie du corps de l'animal, pour mieux en vendre.

Les poulets issus de la lignée Ross 308 atteignent leur poids d'adulte en 30 jours, soit deux fois plus vite qu'il y a 50 ans. Rapidement obèses, ils sont trop gros pour se reproduire tout seuls. Leurs pattes plient sous leur poids, ils ont beaucoup de mal à se déplacer, mais, d'un point de vue industriel, ce n'est pas si grave, car en bâtiment, ils n'ont pas d'espace pour bouger. Un poulet dispose en France en moyenne de 750 centimètres carrés pour vivre. Toute une vie, passée sur l'équivalent d'une feuille A4.

Signalons que, là encore, notre pays décroche des records en matière de densité. Alors que la loi européenne préconise 25 kilos de poulets au mètre carré, et fixe une limite maximum à 33 kilos, la France a obtenu l'autorisation, à coups de dérogations et de clauses « de circonstances exceptionnelles », d'entasser de 39 à 42 kilos de poulets au mètre carré. Vous avez noté qu'on ne parle pas en termes d'individus, mais bien en kilos.

La France concentre ainsi plus de la moitié des poulets de chair européens élevés en densité maximale autorisée, alors que d'autres États membres ont choisi de ne retenir que le seuil minimal fixé par l'Union européenne... Un modèle, vous dit-on.

Mais revenons à nos deux races de poulets, et intéressons-nous à l'autre souche : celle des poulets destinés à la ponte.

Les poules pondeuses ne ressemblent pas du tout aux Ross 308. Ce sont des maigrichonnes. Elles ont été modifiées génétiquement, non pas pour faire de la viande, grandir vite et accumuler du gras, mais pour améliorer leurs performances de ponte. Elles sont donc petites, légères, élancées. Elles pondent beaucoup plus qu'avant : 320 œufs en moyenne chaque année, c'est deux fois plus qu'il y a 50 ans. À l'état sauvage, une poule en pond environ 60 par an.

Grâce à ces deux races bien distinctes de poulets, tout est plus simple dans l'industrie de la volaille. Les poulets de chair, mâles et femelles, gros et gras, donnent de la viande. Les poulets de pontes, les femelles bien sûr, pondent des œufs en grande quantité. Pas question de les manger, elles n'ont pas assez de chair, et ne produisent pas ce blanc de poulet qui se vend si bien.

Surgit alors une question à la fois très simple, et très angoissante. Que deviennent les mâles, dans la catégorie des poulets de ponte ? S'ils ne peuvent pas produire de la viande, parce qu'ils sont trop maigres, et qu'ils ne pondent pas, parce que ce sont des mâles, alors qu'est-ce qu'on en fait ? Est-ce qu'il existe des fermes, des entrepôts, où ils passent toute leur vie, sans rien produire ? Est-ce qu'ils y meurent de leur belle mort ?

La réponse est à peine croyable. Les poulets mâles de la filière œufs, impropres à faire de la viande, sont éliminés à la naissance. Tous. Détruits, gazés ou broyés tout simplement. Ils ne sont pas rentables, ils n'ont donc pas de place dans un système productif. Pour chaque femelle destinée à la ponte, un mâle est détruit. L'élevage intensif fait naître des millions d'individus, en usine, pour les éliminer dans la foulée.

Les statistiques sont là encore assez simples à obtenir. Comme chez les humains, les mâles et les femelles naissent en nombre à peu près équivalent chez les volailles. Il suffit d'avoir le chiffre des poules pondeuses abattues après leur vie productive pour obtenir le nombre équivalent de poulets mâles qui ont forcément été tués à la naissance. On compte donc 50 millions de poussins mâles broyés chaque année en France.

D'autres questions se posent. Comment est-ce possible, techniquement ? Comment peut-on physiquement récupérer et tuer tous ces poussins mâles ? Pour le comprendre, il faut connaître un autre secret de fabrication.

En élevage industriel, les poussins ne naissent pas sous les ailes de leur mère, dans des poulaillers, mais dans de gigantesques couvoirs. Ils sont ensuite livrés, dans des bacs et par camion, aux éleveurs, 24 heures après leur naissance.

Dans ces couvoirs, les œufs sont gardés au chaud sur des étagères immenses, que l'on appelle des incubateurs.

Deux jours avant la naissance, ils sont transférés, des incubateurs jusqu'aux éclosoirs.

Il faut savoir qu'à l'état naturel, les poussins naissent sous les ailes de leur mère. Ils communiquent avec elle à l'aide de petits cris pendant toute l'éclosion de l'œuf. Ils restent ensuite 10 ou 12 jours collés à leur mère, qui leur prodigue chaleur, nourriture, et les protège contre les prédateurs.

Mais en usine, quand les poussins éclosent de leurs coquilles, ils ne voient aucune poule adulte. Autour d'eux, à perte de vue, des milliers de petits congénères qui naissent en même temps, dans des bacs.

Ensuite, tout va très vite. Les poussins sont triés à la main par des « sexeurs de poulet », un nouveau métier créé de toutes pièces par l'élevage industriel. Ces ouvriers sont chargés de faire la différence entre les mâles et les femelles poussins. Ils ont quelques secondes pour cela. Sur un tapis roulant où avancent les milliers de petits poulets qui viennent de naître, ils saisissent puis lancent d'un côté les femelles, envoyées en élevage, et de l'autre les mâles, dans un goulot qui les envoie directement dans une broyeuse, puis à la benne.

Absurdité ultime d'un système qui a perdu la raison.

Grégoire, « Je jette les poussins mâles à la poubelle »

À mon arrivée au couvoir, ce sont les premières minutes de travail qui ont été les plus dures. On m'a donné ma mission : trier les poussins venant d'éclore, qui arrivaient par centaines dans des caisses.

J'hésite un peu à saisir 4 ou 5 poussins dans chaque main comme le font tous les autres ouvriers qui semblent habitués. Leur cadence de travail est impressionnante : c'est plusieurs dizaines de milliers de poussins qui passent entre les mains d'une personne en une demi-journée. Au bout de la chaîne, les poussins valides sont « sexés » : les femelles sont séparées des mâles. Ces derniers sont envoyés au broyeur, ils sont inutiles.

Pour des raisons que j'ignore, des poussins vivants sont parfois jetés directement dans la benne au lieu d'être passés au broyeur : leur agonie dure alors des heures, voire plusieurs jours pour les plus résistants. Une autre fois, des caisses de poussins mâles seront déversées dans des sacs-poubelles. Ils meurent d'asphyxie en quelques minutes. J'en arrive presque à me dire que ceux qui passent au broyeur sont chanceux.

Mon malaise se dissipe au bout d'une centaine de poussins triés, et j'arrive à travailler « normalement » : le nombre d'animaux permet rapidement de ne plus voir qu'une masse informe au lieu de milliers d'individus conscients. Mais je ressentirai chaque matin de nouveau cette appréhension en commençant le tri.

Lors du nettoyage on retrouve de nombreux poussins par terre, transis de froids, blessés. On les ramasse à la raclette, ils sont achevés ou laissés-pour-compte au milieu des détritus.

Je réalise bien vite que les conditions de travail vont être effroyables au cours des prochaines semaines : des matinées de 5 ou 6 heures sans pause, parfois suivies d'après-midi aussi intenses. Je rentre souvent exténué au bout de 12 heures de travail, aussi éprouvantes physiquement que psychologiquement.

Le plus frappant dans cette expérience, c'est la banalité que revêt la souffrance des animaux : acceptée ou ignorée de tous, elle est tellement omniprésente qu'elle en devient ordinaire.

Je me rends vite compte que je dois également faire comme si c'était banal, sans quoi je ne tiendrai jamais. Ma sensibilité est totalement anesthésiée afin de me protéger moi-même : en pensant à chaque individu, à chaque poussin, la situation n'est pas tenable. J'ai l'impression d'avoir passé toute cette période « hors du temps », comme si elle avait été vécue par quelqu'un d'autre.

En France, depuis le 1er janvier 2023, le broyage des poussins mâles est théoriquement interdit par la loi. Les couvoirs doivent se munir de nouvelles machines, inventées en Allemagne, qui permettent de déterminer le sexe des poussins en examinant l'œuf avant l'éclosion. On peut ainsi détruire les œufs mâles avant la naissance.

À peine votée, la loi a été totalement vidée de sa substance par de multiples dérogations. Des millions de poussins sont donc toujours broyés, dès leur naissance.

Voilà en quelques lignes ce que cache notre vache dans les prés. Voilà la réalité vécue par des millions d'animaux élevés en France, pour notre consommation. Chaque individu est destiné, avant même sa naissance, à remplir une seule fonction. Aux truies la production de porcelets, aux cochons la viande, aux poules pondeuses les œufs, aux vaches le lait.

Et malheur à ceux qui naissent dans cette industrie où les corps sont assignés à un seul objectif, sans y avoir un rôle propre. On leur a donné un nom : ce sont des « sous-produits ». Le veau est un « sous-produit du lait », le poulet mâle, un « sous-produit » de la production d'œufs.

L'élevage intensif a créé un nouveau monde, avec ses métiers, ses êtres inutiles, mais aussi une langue qui lui est propre. On y utilise en permanence un vocabulaire qui minimise les cruautés perpétrées sur les animaux, tout en les assimilant à des pratiques entrepreneuriales classiques.

Ainsi, « l'abattage technique » consiste à éliminer les animaux improductifs. « Dépeupler », c'est tuer des centaines de milliers d'animaux d'un seul coup. On peut « dépeupler » par « atmosphère contrôlée », c'est-à-dire par asphyxie. « Réformer » un animal, c'est l'envoyer à l'abattoir, où aura lieu sa « transformation ».

Tous ces termes sont généralement noyés dans un mélange d'anglicismes, de chiffres, de sigles, d'acronymes et de graphiques. Cette apparente rationalité met un voile sur le processus d'industrialisation de l'élevage et nous empêche tout simplement de le concevoir.

Mais il ne s'agit que d'animaux, n'est-ce pas ? Après tout, l'élevage industriel a été créé pour profiter aux humains, et c'est bien l'essentiel. Il faut savoir choisir ses combats. Les hommes, les femmes et les enfants passent avant les bêtes, c'est normal.

Sauf que, après avoir broyé les animaux, au sens propre comme au figuré, le système industriel s'en est pris aussi aux humains. Et avant tout, aux éleveurs.

Chapitre 3

L'agro-industrie fait souffrir les éleveurs

Les vaches Maraîchines sont reconnaissables à leurs longues cornes effilées, dessinées en forme de lyres, aux extrémités noires. Elles ont des robes fauves et beiges. Leurs yeux, doux, sont cerclés de noir. « *C'est comme si elles étaient maquillées au khôl,* me dit Stéphanie, *c'est ce que j'adore chez elles.* »

Stéphanie Prouteau a 34 ans. Deux petits garçons, bruns et vifs, jouent au tracteur sur un tas de sable. Et autour d'elle, des animaux, partout. Quatre chèvres noires sauvées de l'abattoir. Des brebis solognotes minces et nerveuses. Des poules élégantes aux longues plumes blanches. Il y a même dans un champ, plus loin, deux baudets du Poitou, aux très longs poils. « *Avant, ils servaient à porter des charges, mais comme ils n'ont plus d'utilité propre dans les fermes, il n'y en a presque plus en France.* »

Stéphanie s'occupe de toutes ces bêtes, mais celles qu'elle préfère, ce sont ses vaches Maraîchines. Originaires du sud de la Vendée, elles ont failli disparaître complètement après la Seconde Guerre mondiale, victimes de la spécialisation des bovins.

Cette race « mixte » a été peu à peu remplacée par les Prim'Holstein pour le lait, et les Charolais pour la viande. En 1986, il ne restait plus que trente Maraîchines en France. Grâce à quelques éleveurs, qui ont décidé de les sauver et ont reconstitué de petits cheptels, on en compte aujourd'hui un millier.

Stéphanie est devenue éleveuse par amour des animaux. « *C'était vraiment une vocation chez moi. Pourtant, je ne viens pas d'une famille d'agriculteurs. Mais j'ai toujours aimé les bêtes, et particulièrement les animaux de la ferme. Je voulais être fermière tout simplement, depuis que je suis toute petite.* »

Après avoir grandi à La Rochelle, elle choisit des études qui la mèneront à l'élevage. « *Le seul BTS qui existe dans le secteur, c'est un BTS de "productions animales"… Cet intitulé, ça a été mon premier choc. Je me suis dit : c'est bizarre ce terme de "production" pour parler d'êtres vivants, mais bon, il n'y a pas d'autres formations pour travailler avec les animaux, alors j'y suis allée.* »

Au bout de deux années de formation, Stéphanie doit faire un stage. Elle frappe à la porte d'Olivier Prouteau, qui possède un élevage de porcs en Vendée. Olivier a un profil très différent du sien. Il est fils et petit-fils de paysans.

Olivier Prouteau, « J'ai voulu tout moderniser »

Je travaille à la ferme depuis que je suis petit. Mon père et mon grand-père étaient agriculteurs et éleveurs. Mon père me répétait souvent : « La première génération bâtit, la deuxième prolonge, et la troisième détruit tout. » Ça m'a toujours mis la pression, comme une petite musique un peu stressante. Il ne fallait pas que je sois celui qui mette fin à l'histoire familiale.

Je suis né en avril 1964, et un mois après ma naissance, la ferme de ma famille a brûlé. Mon père s'est retrouvé sans rien. Mon grand-père avait un petit terrain pas loin : le Grand-Bois, à Martinet, en Vendée. Mes parents ont déménagé là-bas. C'est la ferme où je vis aujourd'hui avec ma femme, Stéphanie, et mes enfants.

Mes parents ont réparé la maison, bâti la grange. À l'époque, c'était le grand-père le patriarche. C'est lui qui prenait toutes les décisions. Les gens vivaient sous le même toit à trois générations, ça n'était pas toujours simple.

Au début, mes parents avaient trois ou quatre vaches. Ils ont développé au maximum, jusqu'à posséder une vingtaine de vaches et un petit élevage de porcs. Mais ce qu'on appelait se « développer » à l'époque, c'était tout au plus rajouter un petit bâtiment ici, ou un petit appentis en tôle, avec des planches de châtaigniers et de la bâche.

Moi, je suis parti au Lycée agricole. Là-bas, les enseignants nous ont dit : « N'écoutez pas les anciens, ils n'y connaissent rien, ils ne savent pas travailler. » C'est à l'école que j'ai appris à élaborer des rations alimentaires pour les animaux, par exemple, ce que mon père ne savait pas faire. On nous apprenait toutes les nouvelles techniques : réaliser un bilan fourrager, utiliser les engrais, les produits chimiques, les modes d'élevage structurés dans les bâtiments, la génétique des vaches laitières…

Le mot paysan, à l'époque, était très péjoratif. C'était même une insulte à l'école : « Paysan, va ! » Mais au lycée, le vocabulaire avait changé : on nous parlait d'« exploitant agricole », de « chef d'entreprise », forcément, ça me plaisait plus.

Alors, quand je suis revenu sur l'exploitation de mon père, j'ai voulu tout remettre en cause, tout moderniser. Et quand on a 20 ans, on se croit le meilleur. Mon père, il n'avait que 55 ans à l'époque, mais il était déjà épuisé. Le travail agricole, ça vous vieillissait d'avance. Il a été très preneur de mes conseils. Mon père allait dans mon sens, il était aussi persuadé qu'il fallait faire avancer tout ça. Il ne se rendait pas compte qu'on mettait le pied dans un engrenage. Et moi non plus d'ailleurs.

On pensait simplement développer la ferme familiale, dans un esprit plus dynamique et plus industriel. Et puis toutes les institutions agricoles poussaient à ça. Il y avait des aides en pagaille à l'époque. On pouvait toucher des subventions, parfois 30 % de financement pour un achat, c'était énorme.

Il y avait aussi des aides au cheptel, on pouvait emprunter, les offres pleuvaient de partout, il y avait le centre de gestion, la banque, la MSA, la Sécurité sociale agricole. C'était un autre monde. Mais en échange, il fallait s'engager à plein de choses : adhérer à ci et à ça, faire partie d'une coopérative. On signait tout, on y croyait tellement.

Pour mon premier investissement, j'ai emprunté 320 000 francs. J'ai loué des terres, acheté du matériel, un cheptel, et j'ai monté quelques bâtiments modernes.

Je dois dire que ça m'a fait bizarre, dès le début. Au fond, j'aimais bien les animaux dehors, j'étais bien avec mes truies en plein air. Et j'avais conscience que je rentrais dans un schéma pour des années. Ça me perturbait un peu, mais je sentais qu'il fallait que j'aille dans cette direction pour faire du chiffre. Et c'est quelque chose qui a vraiment marché en fait. Mais quelques années seulement.

Très vite, les choses ont été compliquées financièrement. Mais chaque fois que j'exprimais des doutes, on m'envoyait des techniciens qui me donnaient des conseils : « Passe à 200 truies », puis à 500 truies et pourquoi pas à 1 000 ou à 2 000. Et dans le même temps, ma marge se réduisait.

Plus les années passent, plus on nous demande de baisser les prix des animaux, parce qu'il faut être compétitif sur le marché mondial. Mais en parallèle, on a besoin d'aliments pour les bêtes, et puis il nous faut des médicaments aussi, on paie tout ça. Et notre cochon, il n'est toujours pas assez compétitif, alors il faut encore qu'on baisse les prix. Et un beau jour, on se retrouve à vendre à perte.

J'avais 90 truies déjà en bâtiment, je suis passé à 220 bêtes vers les années 2000. Et là, ça a été la catastrophe, vraiment. Heureusement, c'est à ce moment-là que j'ai rencontré Stéphanie. Et c'est elle qui m'a fait tout changer.

Stéphanie a alors 24 ans, elle termine son BTS et commence son stage chez Olivier. Elle s'occupe des porcs, et découvre le travail en bâtiment. « *Ça m'a troublée. Être en combinaison dès le matin, travailler en intérieur toute la journée, le kärcher à la main. Ça ne me plaisait pas trop. Mais bon c'était le boulot, je n'arrivais pas encore trop à me poser des questions.* »

Stéphanie et Olivier s'entendent bien. Ils font des promenades à cheval, parlent longuement. Ils tombent amoureux, décident de s'installer ensemble. Stéphanie tombe enceinte. Et c'est précisément à ce moment-là que les choses se grippent sérieusement.

Stéphanie Prouteau, « C'est le métier dont je rêvais »

Au début, je suis enthousiaste. Je fais le métier que je voulais faire depuis toujours. Malgré les doutes de ma famille, de mon entourage, je touche enfin à mon but : je vais m'installer, avoir ma ferme.

La journée type est assez réglée, c'est répétitif. On a des mises bas toutes les trois semaines. On arrive le matin, on distribue la nourriture, on surveille les lots, on ramasse les porcelets morts, et on rééquilibre les portées. Si une truie a fait 7 porcelets et une autre 17 porcelets, on partage au hasard : on en met 12 dans chaque bac avec une truie, que ce soit sa mère ou pas, pour optimiser la production.

Tout se passe en bâtiment. Je travaille sous lumière électrique en permanence, la lumière du jour n'entre pas dans l'usine. D'ailleurs, les porcs sont dans le noir complet sauf quand on vient travailler dans les enclos et qu'on allume la lumière.

Les truies sont en cage. Entre le moment de la mise bas et la gestation, le seul trajet qu'elles font, c'est traverser le couloir pour aller d'une salle à l'autre. Les porcelets, une fois qu'ils sont sevrés, sont regroupés dans une case, et ils y restent toute leur vie, jusqu'à l'abattoir. On les emmène sur un quai en béton, à la sortie du bâtiment, c'est là qu'un camion vient les chercher.

Une grande partie de mon travail, c'est du nettoyage. Il faut désinfecter, retirer les excréments, rincer à grande eau, recommencer. Concrètement, au sens propre, c'est un boulot de merde.

Je commence à 7 h 30, je sors à 18 heures du bâtiment. Je suis au milieu de murs en briques, dans le béton, la poussière et les odeurs fortes. Et je travaille sur des lots d'animaux. C'est pas comme ça que j'imaginais mon boulot d'éleveuse.

Et ça, c'est le quotidien. Mais il y a aussi ce qu'on appelle les « soins » aux porcelets. En réalité, on est très loin de les soigner. On leur fait du mal, en fait. Mais c'est le vocabulaire de l'élevage. Quand les porcelets ont une semaine, par exemple, on leur lime les dents pour qu'ils ne se blessent pas les uns les autres, et pour qu'ils ne se mordent pas entre eux. On fait ça avec une petite meule, à la chaîne, avec notre chariot : on avance, on lime, on avance, on lime.

On coupe les queues aussi. Normalement, les cochons, c'est joueur, ça a besoin de mâchouiller, de fouiner. Mais là, ils n'ont rien à faire, alors ils s'amusent sur ce qui dépasse. Ils mordent les queues des autres porcelets. Et dès qu'il y a du sang qui apparaît, ça devient encore plus compliqué. Entre l'entassement, le stress, l'agressivité que ça déclenche : ils se battent. Mais plutôt que de régler le problème, plutôt que réfléchir et travailler sur le fait qu'ils s'ennuient et qu'ils sont entassés, on leur coupe la queue quand ils sont bébés.

Tout cela est tellement répétitif. C'est du travail à la chaîne. On a des lots de 350 cochons, et on doit faire chacune de ces opérations sur chaque animal, un par un. Alors on s'organise pour y passer le moins de temps possible. On a des machines, des chariots roulants, des seringues automatiques. Il faut que ça aille vite. On est incapable de savoir sur quel porcelet on vient de faire un soin. Aucune idée. Ce ne sont plus des individus, mais des marchandises.

Quand tu castres un porcelet, parfois, le geste n'est pas assez précis. Tu ouvres à un endroit, il y a les intestins qui sortent. Qu'est-ce que tu peux faire ? Alors tu claques le porcelet par terre. Un grand coup, clac, tu le tues, et tu le jettes. C'est quelque chose que tous les éleveurs font. Moi, j'ai jeté des cochons à la poubelle, comme si c'était des choses, tout simplement.

Une fois, on devait vacciner nos porcs. On avait quatre piqûres à faire, à chaque bête. Donc on s'y est mis avec Olivier, chacun avec une seringue dans chaque main, tac tac tac… À un moment, on a relevé la tête, on s'est regardés, et on s'est dit : « Mais qu'est-ce qu'on est en train de faire ? » On ne comprenait même plus le sens du métier. On était censé faire du bien aux animaux, les soigner, et le résultat était catastrophique. On ne s'est rien dit verbalement, mais on a pensé la même chose, c'est sûr.

Et puis notre premier fils est né. Et là, ça a vraiment tout changé. Au début, je l'emmenais travailler avec moi en bâtiment, je n'avais pas de moyen de le faire garder. Mais le petit, dans l'usine, il se bouchait les oreilles, il pleurait. Je me suis dit que je ne voulais pas qu'il garde ça comme image. J'ai réalisé aussi qu'il allait prendre conscience assez vite qu'en fait on faisait du mal aux animaux, qu'ils n'étaient pas heureux chez nous. Et que les cochons roses qu'on voyait dans les livres n'étaient pas les mêmes qu'ici.

Là-dessus, Olivier a des soucis de santé. Il consulte un cardiologue qui lui dit que c'est grave, qu'il doit se faire opérer. Et là, c'est vraiment le dernier déclic.

Pendant qu'il est à l'hôpital, une vétérinaire passe à la ferme. Je ne me rappelle plus ce qu'avaient les porcs comme maladie, mais elle décrète que nos animaux ne sont pas transportables, et qu'ils ne peuvent pas aller à l'abattoir.

Alors on a dû les tuer nous-même. C'est comme le claquage de porcelets : c'est très courant dans les élevages, même si c'est très tabou. Les animaux qui ne sont pas mangeables, pas abattables, c'est l'éleveur qui doit les tuer, avec les moyens du bord.

Ce jour-là, la vétérinaire décide de leur faire une saignée au cœur. Moi, je sors les cochons au lasso. Ils hurlent, ils ont compris. Je les étourdis d'un coup, et la vétérinaire, elle, cherche le cœur des porcs avec son scalpel. Ça prend un temps fou, le sang gicle en cascade, par flots, il y en a partout. Mes cochons sont là, étalés dans des mares de sang, sur le quai en béton.

Je vois ça et d'un coup, tout s'arrête. Qu'est-ce qu'on est en train de faire ? C'est ça notre métier ? On en est vraiment là ? Cette image est gravée dans ma rétine. Je suis restée deux heures en état de choc, dans la cuisine, sans pouvoir bouger. J'ai appelé Olivier à l'hôpital. Et je lui ai dit : « C'est plus possible, on doit tourner la page. Je veux plus voir un cochon dans ce bâtiment. » Il m'a répondu : « OK, on arrête. »

Stéphanie et Olivier décident de tout changer. Mais le chapitre suivant de leur vie s'annonce encore plus violent. C'est le temps des difficultés sans fin, des coups de pressions, des menaces de ruine. Personne ne sort impunément de ce système.

Les éleveurs appauvris

Est-ce que ça valait le coup ? Est-ce que cette modernisation de l'agriculture, à défaut de les rendre heureux, a au moins enrichi les paysans, les éleveurs ? Loin de là. En France, la population agricole est la plus pauvre du pays. Selon une étude de l'INSEE, réalisée en octobre 2021, un quart des agriculteurs vit sous le seuil de pauvreté, c'est-à-dire avec moins de 13 000 euros par personne et par an.

Parmi les agriculteurs, ce sont les éleveurs qui ont les revenus et le niveau de vie les plus faibles. La moitié d'entre eux gagnent moins de 18 000 euros par an.

D'abord parce que leurs revenus sont maigres. Mais surtout parce qu'en élevage les charges (approvisionnement, alimentation, frais de structures, de soin, etc.) sont écrasantes. Et ces charges se transforment très vite en dettes.

Cette dette, omniprésente dans le monde agricole, est extrêmement significative. Elle est le marqueur de l'agro-industrie, de la prison dans laquelle sont enfermés les éleveurs. Dans cette course à la productivité, ils doivent s'endetter sans cesse pour construire des bâtiments, s'agrandir, et acheter toujours plus d'aliments, de machines, de robots, d'intrants chimiques, de médicaments.

En France, l'endettement moyen d'un éleveur de volailles est de 257 000 euros, de 430 000 euros pour un éleveur de porcs. Le taux d'endettement moyen d'un agriculteur est de 42 %. Il a été multiplié par trois depuis les années 1980.

Cette dette place les éleveurs sous la dépendance des banques et de l'agro-industrie. Elle les paralyse, et les met sous une pression constante. L'agriculture est la profession la plus exposée au risque de suicide. Selon la Mutualité sociale agricole, un paysan se donne la mort tous les deux jours. La surmortalité liée au suicide frappe essentiellement les agriculteurs travaillant dans l'élevage bovin.

Olivier Prouteau, « On était pieds et poings liés »

Moi, j'ai investi beaucoup d'argent dans les bâtiments, pour mes porcs. Alors il fallait bien que je rembourse. Mais quand le coût de l'aliment des animaux a augmenté, et que le cours du porc s'est effondré, c'est facile à comprendre : j'ai eu plus de charges que de recettes. Et donc je vendais à perte. À chaque lot de porcs que je vendais, je perdais un billet de 10 euros. C'était insensé. Du coup, j'ai emprunté encore, pour faire face.

Résultat, les dettes se sont accumulées très rapidement. Comme la plupart des éleveurs en France.

Je devais de l'argent à la banque, mais aussi à la coopérative, à qui j'achetais la nourriture pour mes animaux. Et plus on a d'animaux, plus on a d'aliments à payer. À la ferme, on avait besoin d'un camion de 25 tonnes de nourriture par semaine, vous imaginez ?

Et puis, il y a tous les autres fournisseurs. Ceux à qui on achète les médicaments. Parce qu'en bâtiment, les animaux sont tout le temps malades. Et parce qu'on est en bâtiment, encore, il faut payer aussi beaucoup d'électricité. Tout s'accumule. On est enchaînés, il n'y a pas d'autre mot, enchaînés. Et le problème, c'est qu'on n'a pas le temps de se poser pour réfléchir. Il faut avancer, il faut qu'on continue à produire.

Les entreprises pour qui on travaille nous envoient des techniciens. Ils nous disent que c'est nous le problème, qu'on ne s'y prend pas bien, qu'il faut qu'on soit meilleurs. Mais comment faire ? Comment voulez-vous forcer une truie à sevrer plus de cochons qu'elle ne le fait ? On essaie quand même. On entasse les cochons le plus possible, en se disant : on va gagner un peu plus… et ça ne fonctionne pas.

Les techniciens nous répètent toujours la même chose : agrandissez-vous, agrandissez-vous ! Avec 600 truies, vous ferez plus d'argent, c'est logique, donc vous pourrez commencer à rembourser tout le monde ! À un moment, j'ai même pensé à ouvrir un élevage de volailles juste à côté de mes porcs.

Et puis on force. On travaille de plus en plus. On pousse les murs. Et on cogne aussi. Si les cochons ne rentrent pas assez vite dans leur enclos, après la pesée, on s'énerve. Le temps que je perds là, c'est de l'argent, et l'argent, je n'en ai pas de trop ! Je me souviens, une fois, d'une truie qui n'avançait pas. Je suis devenu fou, j'ai vu rouge. Je lui ai balancé un coup de tournevis dans l'anus. Trop de stress, trop de pression. Je pensais juste à l'argent qu'elle me faisait perdre. Et finalement, je faisais du mal aux animaux. Je n'aimais pas du tout la personne que je devenais.

J'ai terminé aux Restos du cœur. Là, tu te dis, il y a un truc qui ne va pas. On travaille dans l'agriculture, toute la journée on produit de la nourriture, on nous répète qu'on nourrit le monde, et nous, on n'a plus de quoi s'acheter à manger ! Certaines années, j'ai gagné parfois 600 000 euros de chiffre d'affaires, et pourtant, il me restait moins que rien.

Je suis allé aux distributions alimentaires au village à côté, c'était gênant. Je mettais une casquette, je me disais : tu n'as pas le choix, tu y vas quand même, tant pis, il faut le faire.

Oui, le suicide, ça m'a traversé l'esprit. Mais je savais que je ne passerais jamais à l'acte, j'ai trop de liens qui me retiennent sur terre. J'aurais arrêté la ferme avant, tant pis, il vaut mieux vivre. Mais quand même, ceux qui se pendent, je sais par quoi ils sont passés. C'est la pauvreté qui tue. C'est ce garrot autour de notre cou, avec la sensation que tout le monde serre un peu : la banque, la coopérative, les techniciens…

Après, il y a eu la rencontre avec Stéphanie, et la guerre qu'on a menée. Parce que ça a été une guerre, vraiment. Il a fallu se battre. Mais j'avais Stéphanie avec moi, et mes enfants. Et puis il y avait cette petite phrase qui me trottait dans la tête. La nuit, je me réveillais, je me posais la question : « Mais qu'est-ce que tu veux, en fait ? » Et la réponse, c'était toujours la même : « Je veux la ferme d'avant. Je veux la ferme de mes parents. » Et c'est vers ça qu'on est retournés…

La famille Bigard : quand certains s'en sortent mieux

Sur Youtube, je regarde en boucle une scène qui s'est déroulée en septembre 2017, à l'Assemblée nationale. Maxence Bigard, fils et héritier de Jean-Paul Bigard, l'inventeur du steak haché, numéro 1 de l'industrie de la viande en France et en Europe, est interrogé sur ses activités devant la Commission des affaires économiques, dans le cadre des États Généraux de l'alimentation.

Cravate bleu ciel, l'air désinvolte, Maxence Bigard réajuste régulièrement sa mèche de cheveux châtain clair. Il est mutique. Les élus lui posent des questions, il ne répond pas.

Le député picard François Ruffin lit à voix haute des extraits d'un rapport sur les conditions de travail pénibles d'un abattoir Bigard dans la Somme. Il évoque des employés au bord du suicide, et le patron qui répond : « *Je n'ai pas à m'occuper de leurs problèmes de santé.* » Il relate le témoignage d'un employé qui, d'angoisse, vomit tous les matins avant d'arriver au travail.

François Ruffin termine, se lève, et tend le rapport à Maxence Bigard. Il s'en empare et murmure un rapide : « *J'en prends bonne note.* »

Richard Ramos, député MoDem, enchaîne alors. Il aborde un autre problème. Depuis plusieurs années, le groupe Bigard refuse de publier ses comptes, comme la loi l'exige. « *Votre non-réponse est une réponse, comment voulez-vous qu'on puisse travailler sur la transparence, si vous-même, devant la représentation nationale, devant les élus que nous sommes, vous ne répondez pas à nos questions ?* »

Maxence Bigard se saisit alors du micro, et lâche quelques mots : « *Sur la question que vous évoquez, simplement : nous achetons 25 000 bovins par semaine, que nous payons toutes les semaines.* »

Fin de la réponse. Elle n'a aucun lien avec la question posée, ni avec le rapport sur les conditions de travail déplorables dans les abattoirs. Maxence Bigard repousse son micro, un petit sourire aux lèvres. Le mépris est total. Bigard achète et paie, point final. Bigard est puissant,

Bigard n'a que faire de la représentation nationale. Il n'en dira pas plus.

François Ruffin sort alors de ses gonds, brutalement : « *Mais on est où là ? Dans* Le Parrain *? Ou dans une commission d'audition de l'Assemblée nationale ?* » Dans *Le Parrain*, très clairement. Avec Jean-Paul Bigard, le père de Maxence, dans le rôle-titre. Ce jour-là, il est absent, il a délégué ses pouvoirs à son fils. Mais c'est bien lui le patron, le boss absolu. Puissant, mais discret. Lui non plus ne répond jamais aux questions.

À 75 ans, Jean-Paul Bigard est président du directoire d'un groupe d'environ 15 000 salariés qu'il mène à la baguette. Chiffre d'affaires estimé : plus de 5,5 milliards d'euros. Impossible de connaître avec plus de précision le volume d'activité du groupe Bigard : ses comptes ne sont plus déposés depuis 2013. Jean-Paul Bigard préfère payer des amendes, plutôt que de publier les revenus de son groupe. Mais d'après les estimations du magazine *Challenge*, la famille possède un patrimoine de 725 millions d'euros.

La puissance du groupe s'est formée au fil des années sur un outil industriel installé partout en France. Créée en 1974 par Lucien Bigard, le père de Jean-Paul, à Quimperlé, l'entreprise a racheté de nombreux abattoirs en difficulté, avant de prospérer à grands coups d'acquisitions de groupes : Arcadie en 1995, Codevia et Sodavy en 2002, Charal en 2007 et Socopa en 2009. Le groupe Bigard est ainsi devenu, en moins d'un demi-siècle, le leader européen de la viande.

Jean-Paul Bigard est inconnu du grand public, mais quand vous mangez de la viande, elle est très certainement passée entre ses mains. Plus de 20 000 bovins sont abattus chaque semaine dans un site Bigard.

Ses trois enseignes : Bigard, Socopa, et surtout Charal sont incontournables dans les grandes surfaces. Dans les rayons, ses nombreuses marques donnent une impression de diversité, de choix. Mais ça n'est pas le cas. Le groupe produit les trois quarts des steaks hachés vendus par la distribution. Dans l'Hexagone, un tiers du bœuf que vous achetez, sous quelque forme que ce soit, est de la viande Bigard.

Bref, à la différence des éleveurs sous pression et endettés, des abatteurs aux dos cassés, le groupe Bigard s'en sort très bien. Tout le monde ne s'est pas appauvri avec l'élevage industriel. Malgré les crises sanitaires, écologiques, la sensibilité plus forte de notre société à la souffrance animale, l'industrie de la viande française dégage encore un chiffre d'affaires de 33 milliards d'euros, soit un quart du chiffre d'affaires de toute l'industrie agroalimentaire en France.

Certains, peu nombreux, sont devenus immensément riches. Et pour être sûrs de le rester, ils ont mis beaucoup d'argent au service d'un récit mensonger.

Chapitre 4

Mythes et mensonges de l'industrie de la viande

Les faits sont là. En France, la plupart de nos animaux sont enfermés. Ils passent leurs courtes vies infernales auprès d'éleveurs devenus ouvriers. L'essentiel de la viande que nous mangeons provient de ces usines. Alors pourquoi l'ignore-t-on ? Pourquoi ai-je moi-même découvert ces informations si tard ?

Je suis née à Nantes. Je me suis installée à Paris après mon baccalauréat, et je n'ai plus quitté la ville depuis. Comme moi, l'immense majorité des Français vit en espace urbain : 81,5 % de la population française exactement, dont plus de la moitié dans des villes qui dépassent les 100 000 habitants.

Autrement dit : plus personne ou presque ne vit au contact de la nature, des fermes et des animaux. Alors, quelles sont nos sources d'information sur l'élevage ? Qui nous en parle ? Quand voyons-nous des animaux ?

La publicité

Ceux qui comme moi ont grandi dans les années 1980 et 1990 le savent : la publicité a été un fond sonore permanent. *« Le Roi de la pomme de terre, c'est... Vico »*, *« Chambourcy, oh oui »*. Les enfants de ma génération pourraient passer des soirées entières à réciter des slogans. Les publicités pour la viande et les produits animaux font partie des rengaines les plus inoubliables, de *« Cochonou, un petit bout de chez nous »* au *« Bâton de berger, il y a pas d'heure pour en manger »*, en passant par *« Feta Salakis, au bon lait de Brebiss. »*

Et puis il y a *« Herta, le goût des choses simples »*, avec cette petite mélodie jouée à la flûte. Un garçon en culotte courte, béret sur la tête, taille un bâton près d'une rivière, avant de faire cuire des saucisses Knacki au feu de bois. Une fillette en robe rouge ramasse des œufs dans un panier, au milieu de poules caquetant dans la paille. *« Herta, c'est frais, c'est vrai. »*

La publicité nous ment. Éhontément. Les éleveurs y ont des chemises à carreaux, ils portent des agneaux dans leurs bras. Les logos qui accompagnent les produits animaux représentent des feuilles, des arbres, des collines vertes.

Les industriels de la viande savent que, pour vendre, ils ne doivent pas s'inspirer de la réalité (qui achèterait de la viande après avoir vu une publicité qui se déroulerait dans un bâtiment en béton ?), mais recréer l'atmosphère des fermes traditionnelles, d'un monde rural que, précisément, ils ont fait disparaître.

La publicité tord les faits, on le sait. Mais le problème, c'est qu'elle est devenue une source d'information majeure sur les animaux. C'est même une des dernières qui nous reste, puisque nous ne les voyons plus, que nous n'avons plus accès à eux.

Après le journal télévisé et avant le film, apparaissent tous les soirs à la télévision des petites fermes familiales, des étables pleines de paille, mais aussi des poulets qui dansent, des vaches qui rient, des cochons en tablier qui préparent, hilares, un barbecue. Et des cohortes de dindes qui font des chorégraphies pour fêter l'arrivée de Noël.

Cette représentation d'animaux célébrant leur propre sacrifice a un nom : le « *suicid food* ». Le concept a été inventé en 2007 par un blogueur et activiste américain, Ben Grossblat. Il recense alors sur son site toutes les publicités mettant en scène des animaux joyeux qui vont mourir.

Le *suicid food* est le mécanisme le plus utilisé aujourd'hui dans les publicités pour la viande. Il nous rassure, en nous faisant croire que l'animal a, d'une certaine manière, donné son consentement. Il a vécu une belle vie, dans un environnement naturel, et il est à présent d'accord pour être tué et consommé. Notre conscience est au repos. Nous pouvons ainsi manger de la viande, sans que cela nous pose un problème moral.

Ou plutôt : nous devons manger de la viande. Car la publicité insiste lourdement : manger des animaux est une nécessité. C'est ce qu'a montré une enquête très détaillée de Greenpeace publiée en 2021 : « Que cache la publicité pour la viande ? »

Dans son rapport, l'ONG montre que les publicités ne se contentent pas de nous rassurer sur le sort des animaux. Elles nous forcent également la main, avec une idée toute simple, martelée : la viande, c'est la santé.

Dans une publicité Charal, la première marque de viande en France, possédée par le groupe Bigard, des personnes âgées font la fête dans leur maison de retraite. Elles dansent, organisent une course de tondeuse à gazon, et se font finalement sermonner par la directrice de l'Ehpad. Mais que diable ont-elles bien pu manger ? Un steak bien sûr, saignant. « *Charal, vivons fort !* »

Un autre clip de la même marque met en scène des bébés dynamiques, dansant dans le ventre de leur mère. Que mange leur maman ? De la viande rouge évidemment. *« Il n'y a pas d'âge pour vivre fort ! »*

Le plus souvent, les publicités ciblent le plus jeune public possible. L'industrie de la viande sait à quel point il est facile de culpabiliser les parents sur le terrain de la santé. Les enfants sont aussi de grands prescripteurs. On connaît leur pouvoir de harcèlement, sans limites, dans les supermarchés. Les produits à base de viande sont souvent présentés avec des petits personnages, de couleurs vives, qui rappellent les dessins animés. Si les industriels ciblent les enfants, c'est enfin parce qu'ils parient sur l'avenir : les habitudes alimentaires se prennent tôt.

La publicité, explique le rapport de Greenpeace, affirme des valeurs de virilité, d'affirmation de soi, de domination. Elle multiplie les images de feux, de couteaux, de grosses portions de viande, souvent représentées avec un os. Les récits mettant en scène l'homme chasseur sont omniprésents, tout comme le message : « *Les vrais hommes mangent de la viande.* » Des mâles forts et musclés mangent de la viande avec leurs doigts, et déchirent leurs steaks à grands coups de dents.

La publicité pour la viande est binaire, genrée. Les hommes mangent sans cuisiner, les femmes cuisinent sans manger. Quand elles sont mises en scène, et c'est rare, elles préparent les repas, dans un rôle nourricier et passif. Elles ne mangent qu'un peu de viande blanche, ou alors de fines tranches de charcuterie presque transparentes.

Dans la fameuse pub Charal, « *la viande c'est la force* », représentant un fœtus qui danse dans le ventre de sa mère, la femme enceinte ne mange de la viande rouge que pour donner des forces à son enfant. Être une bonne mère, c'est manger non pour soi et pour son propre plaisir, mais pour son bébé.

La viande est la clé de voûte du repas familial, et d'une certaine manière, la gardienne des traditions et de la cellule patriarcale. Rejeter la viande, c'est rejeter la famille.

La pub soutenue par les pouvoirs publics

Que les récits publicitaires soient mensongers, ce n'est ni une surprise ni un scoop. C'est aussi le cas pour ceux qui mettent en scène des SUV filant à toute vitesse dans de grands espaces naturels sans embouteillages, ou des produits de beauté qui, en réalité, ne nous mettent pas si en valeur que cela.

Mais le problème, en ce qui concerne la viande, c'est que ces publicités sont financées en partie par les pouvoirs publics. Et il ne s'agit pas de petits budgets.

Dans son enquête de 2021, Greenpeace révèle que, les cinq années précédentes, l'Union européenne a dépensé 252 millions d'euros en publicités pour la promotion de la viande et les produits laitiers européens. Soit un tiers des 776 millions d'euros destinés à promouvoir les produits agricoles de l'UE entre 2016 et 2020. La filière des fruits et légumes, elle, n'a reçu que 19 % du budget. Sur cette même période, les organisations françaises ont reçu 68 millions d'euros pour promouvoir la viande et les produits laitiers, contre 17 millions d'euros pour les fruits et légumes.

Les subventions publiques pleuvent, et tout est bon pour en rajouter. En octobre 2022, l'Europe apporte une rallonge de 15 millions d'euros pour promouvoir la filière bovine. L'État français, de son côté, ajoute encore 7 millions d'euros. Comme si les pouvoirs publics savaient eux aussi à quel point la publicité, c'est-à-dire la capacité à produire un récit, des images, est décisive dans ce secteur.

Et pour que ce récit atteigne bien chaque couche de la société, l'imagination des lobbyistes de la viande, bien financés, puissants, est sans limites.

Naturellement flexitarien, pas du tout végétarien

C'est un petit badge rond, au fond blanc. En lettres rouges, il est écrit : *« Aimez la viande, mangez-en mieux »*, et juste en dessous : *« Naturellement flexitarien. »* Emmanuel Macron le porte à sa boutonnière, lors d'une visite au Salon de l'Agriculture en 2019. On savait le président jupitérien, il est donc aussi flexitarien, un terme qu'il répète à tout bout de champ. *« J'ai toujours défendu la viande, je suis flexitarien. » ; « Les flexitariens sont des gens intelligents. »*

Où diable est-il allé chercher ce mot ? Le concept a été inventé quelques années plus tôt par un auteur et chroniqueur culinaire américain : Mark Bittman. Le terme signifiait alors toute autre chose.

À l'époque, Mark Bittman dénonce l'élevage industriel et ses ravages. L'objectif est clair : il pense qu'il faut réduire drastiquement la consommation de viande, pour ne pas alimenter ce système mortifère. Mais diminuer, voire arrêter la viande, n'est pas simple pour tout le monde. Mark Bittman fusionne alors les termes *flexible* et *vegetarian*. *Flexitarian* désigne ainsi les personnes qui essaient de limiter la viande, sans forcément réussir à être exclusivement végétariennes.

Très vite, le terme prend. Il se diffuse en Europe. Peu à peu, il va se transformer en un concept marketing radicalement différent. Et destructeur.

C'est Interbev, l'Association nationale interprofessionnelle du bétail et des viandes, le premier lobby de la viande en France, qui a lancé l'opération de récupération. C'est elle qui, ce jour-là au Salon de l'Agriculture, fournit le petit badge rouge et blanc à Emmanuel Macron.

Comment le lobby a-t-il réussi cette prouesse ? Dès 2019, Interbev s'empare du terme, et commence à le détourner. L'opération est massive : le mot est répété, martelé, utilisé dans l'ensemble de ses communications et campagnes publicitaires : « *Flexifestival* », « *Flexigourmand* », « *Flexirecettes* ».

Interbev crée même un site internet entier dédié au flexitarisme, et indique en première page : « *Le flexitarien, cet omnivore du* XXI*e siècle, est un consommateur éclairé, qui mange de tout, des aliments d'origine animale, aussi bien que végétale.* »

« *Aimez la viande : mangez-en mieux* ». L'idée de réduire sa consommation de produits animaux se transforme peu à peu en un changement raisonnable, éclairé, vers une viande choisie. Le flexitarien mange de la « viande de qualité », sous-entendu : de la viande française, et cela suffit pour prendre soin de la planète. Inutile dès lors d'en faire plus, inutile de limiter sa consommation. Il faut « *manger de tout* ».

Les « *flexirecettes* » conseillées par Interbev sur son site internet, dans ses brochures, sont à base de viande. Des steaks, magrets ou filets, systématiquement présentés comme l'aliment principal, accompagnés en garniture de quelques rares légumes. Les Français, explique Interbev, sont des flexitariens qui s'ignorent, ils sont « *naturellement flexitariens. Loin des diktats, être flexitarien, c'est être libre de ne se passer de rien* ».

Bref, le flexitarien, finalement, ne prend pas de décisions. Il ne se limite pas, ne s'interdit rien. Aucune contrainte, aucune réflexion sur l'impact de l'élevage : le flexitarien fait les choses naturellement, il « *choisit librement ses aliments, pour son plaisir et sa santé* ». Le « *flexitarisme* » est un régime purement déclaratif, non quantifiable, non vérifiable. Tout le monde peut se dire flexitarien, sans rien changer à son alimentation. Au fond, le flexitarien mange de la bonne viande quand il en a envie. Les mangeurs de viande sont flexibles, libres, hédonistes, par opposition aux végétariens, qui sont, eux, inflexibles, austères, rigides.

Une OPA sémantique magnifique, un coup de maître, à la mesure d'Interbev.

Car cette manipulation n'est pas que symbolique, elle a des conséquences très concrètes : aujourd'hui, un Français sur trois se dit flexitarien, sans avoir rien modifié à sa consommation de produits animaux. Un Français sur deux affirme avoir le sentiment de manger moins de viande ces dernières années, alors que, contrairement à ce qu'on imagine souvent, la consommation individuelle de viande des Français ne fait qu'augmenter. Changer les mots pour, surtout, ne pas changer le comportement.

Interbev et la famille Jolipré

Arrêtons-nous un instant sur l'auteur de cette vaste opération sémantique : Interbev. C'est le premier des lobbys de la viande en France, et sans doute le plus efficace. Créé en 1979, son budget annuel est compris entre 35 et 45 millions d'euros, dont les deux tiers sont dédiés à des pratiques d'influence.

Interbev n'agit pas tout seul. Après avoir travaillé sur la publicité, Greenpeace France a publié en 2022 un rapport impressionnant sur le lobbying de l'industrie de la viande. Laure Ducos, l'autrice de l'enquête, y détaille sur 160 pages comment 25 organisations, professionnelles et interprofessionnelles défendent les intérêts du secteur.

Aucun de ces lobbys n'est vraiment connu en soi. Et aucun n'agit isolément. En fait, c'est une véritable toile qui défend des intérêts communs. Des petites organisations, peu visibles, mais interconnectées, en un maillage efficace. Sur les 25 organisations recensées, 13 sont liées à la FNSEA (Fédération nationale des syndicats d'exploitants agricoles), 10 à Interbev, 9 à Inaporc, l'interprofession porcine.

Interbev règne en maître sur cette nébuleuse. Elle ne s'occupe a priori que des filières de viande rouge, mais ses stratégies profitent à l'ensemble du secteur, porcs et volailles compris.

Interbev sait tout faire. Récupérer des concepts, assurer une présence forte dans tous les médias, s'adresser aux enfants. Toutes ses actions, aussi diverses soient-elles, sont dirigées par un seul objectif, central, obsessionnel : faire vivre le mythe de la petite ferme familiale française.

En parlant de famille, je vous présente les Jolipré. Ce sont des éleveurs français, les héros d'un dessin animé destiné aux enfants, très coloré, au style vaguement manga. Conçu, produit et diffusé par Interbev.

La bande-annonce, diffusée sur son site internet, les décrit ainsi : « *Les Jolipré sont une famille d'éleveurs modernes et engagés qui agissent pour préserver l'équilibre entre la planète, les hommes et les bêtes. Cette famille d'éleveurs haute en couleurs, un brin loufoque, est bien loin des clichés qui circulent sur le monde rural.* »

Théo, le fils, « *adore les moutons. À son aise en plein air, il aime grimper dans les montagnes* ». Stéphane, le père, s'occupe des bœufs. « *Il est éleveur parce qu'il aime la nature et les animaux. Il prend son métier très à cœur en cherchant le moyen de réduire notre impact sur la planète.* »

Quant à Anaïs, la sœur, c'est « *la plus engagée de la famille. Sa passion, c'est le cochon* ». Dans un épisode nommé « La fille qui murmurait à l'oreille des animaux », Anaïs parle aux vaches. « *Je suis inquiète, elle ne va pas très bien aujourd'hui. – Mais tu connais le prénom de toutes les vaches ? – Oui, bien sûr.* »

Une grange, une bergerie, des prairies arborées entourées de haies où paissent des chevaux. Tout le monde travaille en plein air, en salopette, une grande fourche à la main. Plus récemment, un jeune boucher, Antoine Bellecôte, a rejoint la famille. Personne ne sait trop ce qu'il vient faire dans une ferme, mais il prépare de très bons plats.

Les histoires de la famille Jolipré pourraient faire sourire, si elles étaient cantonnées au site internet d'Interbev. Mais elles sont diffusées à la télévision, et pas sur n'importe quelles chaînes : sur France 3, France 5 et sur Gulli.

La famille Jolipré se décline aussi en posters, bandes dessinées et cahiers d'activités. En 2018, Interbev a même signé un partenariat avec Bayard Presse, le numéro 1 des publications jeunesse, pour éditer un cahier d'activité « Jolipré ». Huit pages, que l'on a pu retrouver dans *Astrapi* et *Images Doc*, le magazine scientifique destiné aux enfants âgés de 8 à 12 ans.

Dans ce cahier, tout y est. L'élevage idyllique, pratiqué en plein air. La famille Jolipré au mieux de sa forme : Théo se promène avec son filet à papillon, Anaïs porte des porcelets dans ses bras. Les prairies, où les bœufs pâturent, sont décrites comme des puits de carbone et des réserves de biodiversité. Toute la famille travaille pour réaliser une ferme zéro carbone, avec recyclage et panneaux solaires.

Il s'agit clairement d'une opération publicitaire. Pourtant, le nom d'Interbev n'est même pas mentionné dans la publication. Des parents s'en rendent compte et se plaignent à Bayard Presse. Le groupe d'édition a mis fin au partenariat en 2021.

Fermez une porte, une autre s'ouvre. La famille Jolipré a désormais ses entrées à l'Éducation nationale, dans les cantines scolaires et les centres de loisirs.

Le plus incroyable des outils pédagogiques d'Interbev a été mis en ligne en janvier 2021. C'est le site internet « Mon assiette, ma planète », une plateforme de ressources et d'animations gratuites à destination des professeurs, allant de l'école primaire au lycée. Il comprend un dossier sur l'élevage destiné aux responsables de la restauration, un « livret d'information » pour les parents d'élèves participant à la commission menus des cantines, et bien sûr « Le Journal des Jolipré ».

Interbev a prévu aussi des ateliers pour tous les niveaux scolaires : primaires, collèges, lycées. Des éleveurs et diététiciens interviennent en classe : la première partie de leurs ateliers est consacrée à l'élevage, et la seconde à des « leçons d'équilibre alimentaire », pour apprendre à composer un menu adapté aux « besoins nutritionnels »...

Enfin, pour compléter le tout, des rencontres « Made in Viande » sont proposées aux enseignants. Ces sorties de 4 heures permettent aux enfants de découvrir tous les maillons de la filière en visitant une ferme, un marché aux bestiaux, ou encore une boucherie.

Comme sur les cahiers d'activités, la présence d'Interbev est soigneusement dissimulée sur le site « Mon assiette, ma planète ».

Il faut cliquer tout en bas, près des mentions légales, pour que son nom apparaisse, et encore, sous la forme prêtant à confusion, d'une « association ». Or Interbev est certes une association, mais « interprofessionnelle », ce qui est très différent d'une association loi 1901, à but non lucratif. Une interprofession agit uniquement pour défendre les intérêts économiques d'une filière de production.

Sur son propre site, d'ailleurs, Interbev ne s'en cache pas. L'association interprofessionnelle « *fédère et valorise les intérêts communs de l'élevage, des activités artisanales, industrielles et commerciales de ce secteur, qui constitue l'une des premières activités économiques de notre territoire* ». Les « *intérêts de l'élevage* » sont-ils les mêmes que ceux des enfants et ceux de l'Éducation nationale ?

Entre 2016 et 2019, la campagne « À table avec les Jolipré » a touché plus de 500 000 enfants. Les rencontres Made in Viande ont donné lieu en 2022 à 700 rencontres et 260 visites d'établissement. 2 000 enseignants se sont inscrits en 2023 au programme « Mon assiette, ma planète ».

Et ça n'est pas tout. Interbev cible aussi les milieux médicaux. Une brochure « *Bien manger, c'est ton choix* » a été réalisée spécialement pour les infirmeries scolaires. En 2016, le flyer « *Santé : n'oubliez pas la viande !* » a été distribué dans les salles d'attente de près de 8 000 cabinets médicaux. 22 millions de patients ont été touchés par cette opération.

J'ai contacté Interbev, et demandé à interroger un de leurs responsables. Une chargée de communication a gentiment proposé de répondre à mes questions par mail, sans jamais m'expliquer pourquoi je ne pouvais pas réaliser une interview réelle, de vive voix.

J'ai donc envoyé une liste de questions, dont la première portait sur la définition de l'élevage industriel en France, d'après Interbev. La réponse du lobby a dépassé toutes mes attentes. La première phrase du message était celle-ci : *« L'élevage bovin ou ovin industriel, tel que défini par la FAO et tel que dans l'esprit du consommateurs (fermes de grandes tailles, forte concentration d'animaux, pas d'accès à l'extérieur) n'existe pas en France. Les élevages herbivores français sont des élevages à taille humaine avec un lien fort entre l'éleveur et ses animaux et une importante autonomie alimentaire. »*

L'élevage industriel n'existe tout simplement pas en France. Pas un mot sur les cochons et les poulets. Le déni, toujours. Mais les lobbys de la viande ne s'arrêtent pas là. Ils voient toujours plus loin, plus grand, plus moderne surtout. Ils anticipent l'avenir, et squattent désormais les réseaux sociaux.

Les filles à côtelettes

Sur Instagram, on les appelle « les filles à côtelettes ». Elles sont jeunes et jolies, partagent leurs recettes de gyozas à l'agneau, participent à des championnats de barbecue, organisent des « Monday meat », et posent dans leurs tenues préférées en faisant griller des saucisses. Les « filles à côtelettes » sont financées par Interbev, et sont franchement enthousiastes quand il s'agit de manger de la viande.

Il y a Sarahtatouille : « *Pourquoi je suis devenue une fille à côtelettes ? Pour le côté frais et décalé du grill power.* » Pour Laffonlaforme : « *La viande et moi ? C'est une vraie histoire d'amour. Un plat sans viande, ça manque de goût.* » Louisepetitrenaud répond à des questions : « *Dirais-tu que tu es une femme qui défend ses convictions ? – Oui ! – Lesquelles ? – Le gras, c'est la vie.* »

On l'a compris : la viande c'est jeune, c'est cool, c'est désormais féminin. Et c'est instagrammable. La marque « Filles à côtelettes » a été déposée par Interbev en mars 2018. Le groupe dispose de 51 réseaux sociaux officiels différents pour relayer ses messages. Arrivé sur Snapchat en 2020, Interbev dépense un million d'euros par an dans la seule communication digitale.

De son côté, Inaporc, l'alter ego d'Interbev mais côté cochons, s'est lancé sur Twitch. En juin 2023, Romain Goisbeau, un youtubeur de l'univers des jeux vidéo très puissant, suivi par 4,9 millions d'abonnés, reçoit Hugo, un jeune agriculteur. Ensemble, ils vont construire un élevage de porcs dans le jeu vidéo Minecraft. Deux heures de live pendant lesquelles Hugo raconte sa vie auprès de ses 500 cochons.

« *Moi, c'est Hugo, mon objectif, c'est de vendre du porc et de le vendre en vente directe. Mes parents sont éleveurs de porcs, parce que, ma mère, elle adore les animaux et mon père aussi.*

— *Alors, comment ça se passe, tes journées ?*

— *On commence à 7 heures du matin, on va nourrir les cochons, on nettoie leurs enclos. Après, il y a les inséminations, on s'occupe des cochons, on les soigne, on regarde si tout le monde va bien.*

— *Le bien-être, quoi ?*

— *Eh oui, voilà. On finit vers 18 heures.* »

Petite interruption pour déguster une planche de charcuterie.

« *Alors tout ce qui est là, c'est du porc qu'on a élevé.*

— *Et on va le manger ?*

— *Eh oui.*

— *Allez, ça sent bon.* »

Bacon, chorizo, jambon, rosette.

— *C'est quoi ton cochon préféré à toi ?*

— *Le jambon blanc. On rajoute un petit cornichon ? Allez, on y retourne.* »

Hugo construit son enclos à cochons.

« *Est-ce que c'est difficile de les envoyer à l'abattoir ?*

— *Ben oui, on a de l'attachement pour nos animaux, on est éleveurs, on les aime. C'est pas forcément évident d'élever des animaux pour se dire qu'on va les tuer, mais j'essaie de faire le maximum pour que les cochons soient heureux. On se dit qu'on essaie d'avoir la meilleure vie pour eux, mais c'est pas toujours facile.*

— *Là, c'est la salle où les cochons vont faire l'amour ?*

— *Ouais…*

— *Et là, c'est la maternité ?*

— *Voilà.*

— *Allez, on est là pour découvrir des saveurs, on se fait des rillettes ? C'est intelligent un cochon, non ?*

— *Ouais.*

— *Super. J'ai appris plein de trucs et je me suis régalé.* »

Où sont les bâtiments fermés où les porcs vivent réellement, entassés, dans le noir ? Sur Minecraft, les cochons « font l'amour », et s'ébattent à l'air libre, sous le regard attendri et bienveillant de leur éleveur.

Finalement, c'est le cas partout. La publicité nous raconte que la viande, c'est bon pour les animaux, et pour notre santé. L'État finance ces mensonges. Les lobbys inondent les écoles et les réseaux sociaux d'influenceurs proviande, payés pour raconter les mêmes histoires.

Et les scientifiques, les seuls qui pourraient éclairer le débat, rétablir quelques vérités et permettre au grand public de creuser le sujet, sont victimes d'une offensive à grande échelle.

Chapitre 5
La fabrique de l'ignorance

L'ignorance, c'est le pouvoir

À l'été 2019, Daniel Benamouzig, directeur de recherche au CNRS et titulaire de la chaire santé de Sciences Po, remet un rapport au ministère de la Santé. Son titre : « Les stratégies politiques des entreprises en santé publique, le cas de l'agroalimentaire en France ».

Le chercheur y dévoile les dizaines de modes d'action utilisés par les entreprises agroalimentaires pour peser en politique. Il prolonge ces recherches dans un livre, *Des lobbys au menu, les entreprises agroalimentaires contre la santé publique.*

Après avoir analysé les actions de plus de 80 entreprises et organisations, Daniel Benamouzig démontre que les lobbys de l'agroalimentaire ne se contentent pas de financer des opérations classiques de communication à destination des décideurs publics. Ils participent aussi, et l'industrie de la viande au premier chef, à ce qu'on appelle « la fabrique de l'ignorance ».

« Les modalités d'action de la filière viande convergent avec ce que nous avons observé à l'échelle d'autres filières : le sucre, le lait, les compléments alimentaires, écrit-il. *Plus que de produire des connaissances, ces acteurs les biaisent et participent d'une production d'ignorance. »*

Cette « fabrique de l'ignorance » est un concept clé, formulé en 1992 par Robert Proctor, historien des sciences à l'université Stanford, aux États-Unis. Il pose alors une question inédite et fondamentale : et si, plutôt que de s'intéresser à ce que nous savons, nous réfléchissions plutôt à ce que nous ne savons pas ? D'ailleurs, pourquoi ne savons-nous pas ce que nous ne savons pas ? Pourquoi ignorons-nous des faits majeurs, alors qu'une connaissance fiable, attestée, est à notre disposition ?

Robert Proctor décide alors d'étudier la production délibérée de l'ignorance et du doute, et les moyens utilisés pour la propager. On appelle aussi cela « l'agnotologie », un dérivé du mot grec *agnosis* : ignorance. Aujourd'hui, l'agnotologie est une science en soi, tant les fabriques de l'ignorance et du doute fonctionnent à plein tube.

Il faut rendre justice à celle qui a tout inventé : l'industrie du tabac. Elle est le point de départ, et l'étalon-or de la fabrique de l'ignorance. Au cours de plusieurs décennies de recherche, Robert Proctor a dévoilé les coulisses de l'immense conspiration mise en place dans les années 1950 par les industriels de la cigarette.

L'affaire débute au mois de décembre 1953. Des scientifiques prouvent, après de multiples études menées sur des souris, que la cigarette provoque des cancers. Les faits sont là, recoupés, indéniables. Pour l'industrie du tabac, c'est un coup de tonnerre, une catastrophe.

Dès l'annonce de cette nouvelle, les dirigeants des sept plus grandes manufactures de tabac décident de se réunir. Ils se retrouvent le 14 décembre dans une salle du Plaza Hotel, à New York. Une réunion de plusieurs heures, qui restera dans l'histoire. Ces concurrents féroces, en compétition permanente jusque-là, se mettent tout d'un coup d'accord pour élaborer une riposte commune.

Il leur est impossible de nier les faits. Alors, ensemble, ils rédigent une déclaration publique surprenante, intitulée : « Franche déclaration aux fumeurs de cigarettes » (« Franck Statement to Cigarett Smokers »).

La tribune est diffusée dans 148 journaux américains, le 4 janvier 1954. Les industriels y affirment d'abord rapidement que les faits dénoncés ne sont pas encore absolument certains. Mais surtout, et c'est le plus important, ils annoncent qu'ils vont désormais aider la recherche scientifique sur le tabac et la santé.

Et c'est effectivement ce qu'ils font. Ils commencent à financer des études tous azimuts. Beaucoup. Trop. Des centaines, des milliers de recherches voient le jour. Certaines semblent plutôt utiles. D'autres sont totalement absurdes, explorant la relation entre cancer du poumon et calvitie, ou les liens entre les naissances au printemps et les risques de cancer.

Financées à coups de centaines de millions de dollars, ces recherches multiplient les données, les informations, les éventuelles causes possibles au cancer du poumon. Des centaines de scientifiques sont mobilisés, parfois pour produire des études favorables à l'industrie du tabac, mais aussi pour semer le doute sur celles qui lui sont défavorables, et tout simplement encombrer le débat public. L'ensemble de la littérature scientifique s'en trouve polluée.

Pendant des dizaines d'années, le credo de l'industrie restera toujours le même : « *Il faut plus de recherches.* » Diversion, distraction, doute, désinformation, décrédibilisation d'institutions ou de scientifiques, peu importe : tout est bon à prendre, toutes les méthodes sont valables tant qu'on noie le poisson, tant qu'on sature des domaines d'expertises à coups de communiqués, rapports, études, publications. Augmenter le savoir disponible augmente paradoxalement l'ignorance, avec un allié récent et de poids : Internet, un espace illimité, désormais occupé par des discussions sans fin.

En 1994, des millions de documents internes de l'industrie du tabac fuitent, et sont publiés dans la presse. Les « Tobacco Documents » révèlent comment tous ces scientifiques ont été recrutés par les industriels du tabac. Des notes écrites montrent que les fabricants de cigarettes sont absolument conscients des dangers du tabac, mais mettent en place des stratégies, sciemment, pour les occulter.

Un mémo interne signé du cigarettier américain Brown et Williamson l'expose, en des termes limpides : « *Le doute est ce que nous produisons, car c'est le meilleur moyen de concurrencer l'ensemble des faits présents dans l'esprit du public.* »

Pour Robert Proctor, la stratégie des cigarettiers marque un tournant historique. C'est l'acte de naissance de la fabrique de l'ignorance. « *Il existe une sociologie de l'ignorance, une politique de l'ignorance. Elle a une histoire et une géographie, et elle a surtout des origines et des alliés puissants. La fabrication de l'ignorance a joué un rôle important dans le succès de nombreuses industries, car l'ignorance, c'est le pouvoir.* »

L'industrie du tabac s'est transformée en machine à détruire la connaissance. Sa stratégie va être imitée et utilisée, dans les décennies qui suivent, par toutes les autres industries. Celles du pétrole, de l'amiante, des médicaments. Celles des pesticides, des engrais chimiques, des perturbateurs endocriniens. Et celles de l'agroalimentaire. Sucre, sel, sodas, produits laitiers, viande : toutes vont manipuler les sciences à leur avantage, piochant allégrement dans cette prodigieuse boîte à outils de la fabrique du doute.

La désinformation au service de l'industrie de la viande française

Serge Hercberg est un homme souriant, et modeste : « *Je n'ai fait que mon travail. Je n'ai pas risqué ma vie.*

Je suis fonctionnaire, je n'ai donc même pas risqué mon emploi, à la différence de beaucoup de lanceurs d'alertes. En plus, j'ai toujours travaillé avec une équipe soudée derrière moi, qui m'a beaucoup aidé. »

Né en France dans une famille décimée par la Shoah, Serge Hercberg a toujours voulu être médecin, pour « *aider les autres et faire un peu de bien autour de lui* ». Jeune diplômé, il part au Maroc pour un long séjour. Il y découvre pour la première fois les problématiques globales de malnutrition et d'obésité. Il revient de ce voyage avec une conviction majeure : on peut agir sur la santé publique grâce à l'alimentation.

Dans les décennies qui suivent, il travaille sur la nutrition, une discipline qui prend alors son essor. Après des années de recherches publiques, il se retrouve en 2000 à la tête du tout nouveau Programme national nutrition santé (PNNS) qu'il va diriger pendant 17 ans. Il crée ensuite le Nutri-Score, ce logo anti-malbouffe aux cinq couleurs, placé sur les emballages, qui établit la valeur nutritionnelle des produits alimentaires.

En d'autres termes : la vie de Serge Hercberg a été un long affrontement avec tout ce que la France compte de lobbys agroalimentaires. Celui du sel, du sucre, des bonbons, du lait, de la viande : une palette infinie de groupes industriels organisés et puissants. Serge Hercberg s'est offert trente années de combats, d'opérations de diabolisation, de décrédibilisation, de pressions et parfois d'insultes.

Au fil des années, il a vu les lobbyistes créer leurs propres instances scientifiques en France. Car la fabrique de l'ignorance ne se cantonne pas aux États-Unis : elle a aussi sa version tricolore. Et l'industrie de la viande y participe pleinement.

En apparence, ces organisations « scientifiques » spécialisées dans l'alimentation ont l'air tout à fait neutres. Elles se présentent sous différents noms : ce sont des Fondations, des fonds, des instituts, des centres d'études. Elles peuvent être multi-thématiques, ou ne privilégier qu'un seul sujet. Certaines ne vivent que quelques années, ferment, puis réapparaissent sous d'autres noms.

Ainsi, le CIV, le Centre d'information des viandes, a œuvré pendant 30 ans, entre 1987 et 2017. Le CIV se présentait alors comme une plateforme d'information, dont la vocation était de *« vulgariser des données scientifiques et techniques »*. Il a publié des dizaines d'articles sur des thèmes divers, comme « La vache, le mouton et le grillon, à l'écoute de la biodiversité des pâturages » ou encore « La qualité nutritionnelle des protéines de la viande ». Le CIV a également organisé des colloques à l'Institut Pasteur : « La viande a-t-elle sa place dans l'alimentation durable ? », « Les relations homme-animal s'effilochent-elles ? »

Le Centre de ressources et d'informations nutritionnelles, le CERIN, a lui aussi toutes les apparences d'un site scientifique. Il s'agit a priori d'un site d'informations : *« Actualités sur l'alimentation et la santé destinées aux professionnels de la santé et du social »*. Ici, tout est scientifique : « *brèves scientifiques* », « *publications scientifiques* ». Mais l'immense majorité des textes tend vers un seul objectif : inciter à consommer plus de fromage.

Il y a encore l'Académie d'agriculture, un vieil établissement d'utilité publique à caractère « *scientifique et éducatif* », qui publie, entre autres, en novembre 2020, un rapport relativisant les dangers des nitrites. L'Académie des viandes, enfin, s'intéresse au « vocabulaire de la viande » et décerne chaque année un « prix scientifique ».

Toutes ces organisations sont en réalité profondément liées aux industriels français de la viande ou du lait. Le CIV a ainsi été créé, et financé pendant 30 ans, par Interbev et Inaporc. Le CERIN est un département de l'interprofession des produits laitiers. Le vice-président de l'Académie des viandes est Marc Pagès, le directeur d'Interbev. Le mélange des genres est total, à rebours de toute démarche scientifique.

« *La science a ses règles propres, et elles sont extrêmement strictes,* explique Serge Hercberg. *La construction du savoir est un processus long, bordé, collectif, qui implique des discussions, des vérifications, des confrontations de données, et encore d'autres vérifications. Pour publier, un scientifique doit suivre des protocoles à la lettre. Toute publication doit être soumise au regard d'autres scientifiques. Il y a des comités de lecture, collégiaux, qui lisent et relisent des textes anonymisés. Et les liens d'intérêts des chercheurs doivent être obligatoirement déclarés.* » Or, aucune de ces plateformes et autres fondations qui se présentent comme « scientifiques » ne suivent ces règles.

L'industrie de la viande, comme celle de la cigarette, veut noyer l'opinion publique sous les informations. Publier, le plus possible. Et, dans la masse énorme des recherches existantes, mettre en valeur les textes qui lui sont favorables. En faire émerger un ou deux, parmi des centaines, qui vont dans le sens que l'on désire. C'est qu'on appelle le « *cherry picking* », une autre stratégie de la fabrique de l'ignorance.

Prenons un exemple, avec une des obsessions d'Interbev. L'organisation inonde internet et les centres médicaux de publications inquiétantes sur les jeunes filles qui ne mangeraient pas assez de viande.

L'idée est simple : avoir ses règles, c'est risquer les carences en fer. Certaines recherches évoquent ce problème spécifique aux jeunes femmes. Elles sont aussitôt diffusées et mises en avant par le lobby. Sur le site d'Interbev, les brochures spécialisées pour les adolescentes côtoient des études sur des lycéennes végétariennes réalisées en Nouvelle-Zélande. La solution à ce problème semble évidente et très simple : pour compenser leurs pertes de sang, les jeunes filles doivent manger plus de viande.

« *Cette idée-là, c'est le cas typique d'une manipulation des faits, ou en tout cas de son instrumentalisation,* explique Serge Hercberg. *Oui, les filles perdent du sang quand elles ont leurs règles. De fait, les femmes perdent de l'hémoglobine et perdent du fer. On le sait, leurs besoins sont en moyenne le double de ceux d'un homme. Donc oui, les apports en fer doivent être plus importants pour les femmes.*

Dans les années 1990, on a donc proposé la réponse qui semblait être la plus logique : compenser ces pertes par l'alimentation, et donc par la viande, qui contient du fer.

Mais depuis, les choses ont considérablement évolué, et les industriels le savent très bien. Aujourd'hui, on mesure plus précisément le statut des populations, avec des indicateurs beaucoup plus fins. On peut évaluer si une personne souffre d'une absence de réserve, d'un déficit ou d'une carence en fer. Ce sont trois choses très différentes. Seules les carences en fer peuvent se traduire par une anémie, et avoir des conséquences biologiques. On sait désormais que ces cas sont extrêmement rares : seules 3 % des femmes y sont confrontées.

Donc les femmes ont certes des réserves en fer plus faibles, mais rien qui justifie un besoin d'apports supplémentaires de viande.

Par ailleurs, on sait également que les apports en fer ne se font pas que par la viande. Le fait de boire du thé, par exemple, ralentit l'absorption du fer dans le sang. Donc vous pouvez avoir de multiples recommandations à formuler, très différentes selon les cas. On peut vous recommander de boire moins de thé. On peut vous recommander des légumineuses riches en fer.

Bref, il n'y a en matière de santé publique aucune raison pour que ces déficits en fer débouchent sur une recommandation de consommer de la viande, aucune. Et encore moins à titre préventif pour les jeunes filles, comme le suggère Interbev. »

Docteur Viande

Sur les photos publiées sur les sites d'élevage ou de défense de la viande, Patrick Tounian pose en blouse blanche de médecin. En lettres bleues, bien visible sur la poche de sa veste, on reconnaît le logo de l'Assistance publique hôpitaux de Paris.

Patrick Tounian est chef du service de nutrition pédiatrique de l'hôpital Trousseau, à Paris, l'hôpital de référence pour tous les parents habitant la capitale. Il est aussi le président de l'Association des pédiatres de langue française, ex-secrétaire de la Société française de pédiatrie et membre du comité scientifique du Congrès de pédiatrie. Bref, c'est une sommité. Sa voix compte.

Patrick Tounian est en croisade. Pour lui, nous devons absolument augmenter notre consommation quotidienne de viande. Et les enfants particulièrement : ils doivent manger de la viande deux fois par jour : à midi et le soir. Au minimum. « *Le reste, c'est du plaisir* », dit-il.

Patrick Tounian est un chouchou des médias. Il est invité régulièrement par « C dans l'air », *Femme Actuelle*, Radio France et BFM TV. Il a même animé un podcast santé pour la chaîne info, intitulé : « Les conseils d'un pédiatre pour mieux faire manger les enfants ». Le docteur est aussi présent, et très à l'aise, sur les réseaux sociaux. Le salon végétarien Veggieworld à Paris est pour lui : « *Une autre facette du terrorisme international qui tue les enfants* », écrit-il sur Twitter. Les parents végétariens ? C'est de la « *maltraitance nutritionnelle* ».

Patrick Tounian, « Les enfants doivent manger plus de viande »

Je commence toujours mes conférences en disant que je suis un très gros carnivore, et que je n'aime pas les légumes. Je trouve que c'est important de clarifier les choses dès le début. Un repas sans viande, ça n'est pas un repas, tout simplement.

J'ai commencé à me mobiliser sur ce thème il y a une dizaine d'années, parce que je voyais le discours ambiant changer, et que cela ne me plaisait pas du tout. En 2012, on m'a invité sur BFM TV, sur le plateau il y avait des gens qui discutaient des liens entre la viande et le cancer, ça m'a terriblement agacé.

Et puis surtout, j'ai commencé à recevoir dans mon cabinet des milliers, et je n'exagère pas le chiffre, je dis bien des milliers, d'enfants et d'adolescents carencés. Carencés, parce qu'ils ne consomment pas assez de fer, parce qu'ils sont végétariens ou que leurs parents le sont. Or, les carences en fer, ça donne des anémies. Quand on est carencé, on diminue les activités quotidiennes, on ne peut plus marcher, on est fatigué, les infections se multiplient. Et surtout, ça donne des déficits cognitifs, on est moins intelligent qu'on aurait pu l'être. Concernant les enfants, c'est irréversible. Les carences en fer sont aussi à l'origine de nombreux troubles psychiatriques : dépression, anxiété, tics... À force de voir ces enfants-là défiler dans mon cabinet, je n'ai plus eu aucun doute. J'ai décidé d'agir.

J'étais alors secrétaire général de la Société française de pédiatrie, et j'ai créé un groupe de travail sur le fer. On a publié une recommandation en 2017 : il faut que les enfants et les adolescents consomment un produit carné deux fois par jour, à midi et le soir, pour assurer au mieux leurs besoins en fer. Il faut qu'ils mangent 200 grammes de viande par jour. Et c'est vraiment un minimum.

Je sais que ces recommandations entrent en contradiction avec celles émises par les pouvoirs publics. Mais ces gens-là n'ont aucune expérience médicale, aucune expérience pédiatrique. Moi, je fais du terrain, je vois des patients. J'ai 33 ans d'expérience en nutrition pédiatrique.

Je pense qu'il faut augmenter notre consommation de viande, en France. Il n'y a que moi qui ose le dire, car quand on va à l'encontre de la doxa, on est attaqué, menacé. La puissance médiatique est tellement forte contre la viande. Mes collègues me le disent discrètement : « Je pense comme toi, mais je ne peux pas le dire publiquement, c'est trop dangereux. »

Je suis plus vieux, plus connu en nutrition pédiatrique. Je peux aller contre la doxa et la toute-puissance médiatique. Je prends des risques, mais je continuerai mon combat. Jusqu'à ce qu'on m'assassine peut-être.

Aucune étude scientifique, aucun rapport public, ne confirme l'existence de « milliers d'enfants carencés » faute de viande en France. En revanche, la consommation de viande rouge et de charcuteries est identifiée par de nombreux organismes liés au ministère de la Santé, et en premier lieu par la Sécurité sociale, comme un facteur augmentant le risque de cancer, juste après le tabac et l'alcool.

Dans sa déclaration publique d'intérêts, Patrick Tounian admet avoir des liens avec les groupes Nestlé, Danone, Carrefour ou encore le CNIEL, l'Interprofession du lait, avec qui il collabore régulièrement, *via* notamment le CERIN, le fameux site « d'information scientifique » évoqué plus haut.

Il travaille aussi pour Interbev, rédige des documents pour le lobby et intervient dans des conférences de l'interprofessionnelle bovine.

Patrick Tounian n'a aucun scrupule sur la question. Il revendique même cette proximité avec des groupes privés. « *Oui, je travaille pour toutes ces entreprises. Mais je n'ai pas eu besoin d'elles pour me forger une conviction. Ce sont elles qui sont venues me chercher, quand j'ai commencé à prendre la parole après 2017. Mais mon discours était le même auparavant. Je n'ai rien changé. Je rédige des documents, je vais à des colloques. Les industriels y trouvent leur intérêt : je diffuse un discours qui va dans leur sens, et qui apaise les éleveurs, les pauvres, qui sont tellement malmenés. Moi de mon côté, je diffuse des informations scientifiques et je gagne de l'argent. Je ne vois pas le problème.* »

Pourtant, il y a bien un problème, au-delà même de la question des conflits d'intérêts. Ce que dit Patrick Tounian va, sur le fond, à l'encontre du consensus scientifique et du discours des autorités de santé publiques.

Les recommandations du Programme national nutrition santé (PNNS) sont extrêmement claires : il faut réduire la consommation de viande et de charcuterie. Les Français ne doivent pas dépasser 500 grammes de viande rouge par semaine, soit l'équivalent de 3 à 4 steaks, et privilégier la volaille. Il faut aussi limiter la consommation de charcuterie à 150 grammes par semaine, soit manger au maximum 3 tranches de jambon blanc.

Signalons en passant que ces recommandations se situent bien au-dessus de celles des instances équivalentes de santé publique de nombreux pays européens. L'Allemagne vient ainsi d'actualiser ses recommandations alimentaires en intégrant les critères environnementaux, et fixe désormais un maximum de 300 grammes de viande par semaine, toutes viandes comprises.

Quels que soient les seuils recommandés, dans tous les cas, ils sont le fruit d'une expertise collective. En France, le PNNS a réuni des dizaines de scientifiques qui ont analysé toutes les publications existantes avant de rendre leurs conclusions.

Ce qu'en pense personnellement Patrick Tounian, ou ce qu'il constate dans son seul cabinet sur la base de quelques patients, ne peut pas être le point de départ d'une politique de santé publique pour une population entière.

Patrick Tounian est un marchand de doute. Il assène, s'exprime en permanence, donne son avis partout. Quelle parole écouter ? Qui croire, entre lui et Serge Hercberg, tous deux médecins, tous deux, à première vue, bardés de diplômes ? Les informations contradictoires assaillent le consommateur, qui ne peut pas choisir, et finalement, reste dans l'ignorance. D'autres convictions vont alors l'aider à trancher.

Laissez-nous manger tranquilles : la liberté alimentaire

En 2017, je passe un mois aux États-Unis, dans l'État du Missouri. Un dimanche de printemps, je déjeune avec une famille de Kansas City. Trois générations au complet : les grands-parents, leurs enfants et de nombreux petits-enfants. Ils m'ont invitée dans le plus grand restaurant de la ville. On y déguste des gâteaux géants à la crème. Ici, pas besoin de sortir les enfants des sièges auto : on peut encastrer directement leurs sièges dans un système posé autour de la table.

C'est une famille accueillante. Tous sont curieux d'en savoir plus sur nos modes de vie en France. Les grands-parents sont retraités, les parents sont professeurs, ils posent de nombreuses questions sur la situation politique du pays (« *Alors, c'est bientôt la guerre civile* ? ») et sur Emmanuel Macron (« *Il est vraiment avec son ancienne prof ?* »). Ils sont clairement pro-Trump (« *Hillary Clinton nous fait tellement peur* »), mais ils restent extrêmement souriants et chaleureux. Chacun pense ce qu'il veut, aucune raison de se disputer.

James, le grand-père, est en surpoids très net, comme son fils et sa belle-fille, qui sont pourtant plutôt sportifs. Une serveuse arrive pour prendre la commande, et c'est James qui parle en premier. « *Je vais prendre des fajitas.* » Soudain, il se met à crier, comme s'il était en colère : « *Et surtout, enlève-moi tous les légumes, hein ? Pas de tomate, pas d'oignon, pas d'avocat. T'as pas intérêt à laisser traîner un bout de salade !* »

Tout le monde éclate de rire, James, le serveur, et quelques voisins des tables à côté. Le message est passé, la blague est bonne. Car James n'a pas indiqué ses préférences culinaires, un goût personnel. James a tout simplement posé un marqueur identitaire, culturel. Il envoie un signal à son auditoire, qui se reconnaît en lui immédiatement. Manger des légumes, c'est un délire de Démocrate, voire de socialiste. C'est appartenir à un groupe, qui n'est pas le sien. Faire cette plaisanterie, c'est montrer du doigt le mien, celui des Européens, mais aussi celui des hipsters new-yorkais, et des amis de Michelle Obama dans la foulée, avec son potager tout juste installé dans les jardins de la Maison Blanche.

À l'époque, sa blague me semble seulement absurde, surtout de la part de quelqu'un qui est visiblement en mauvaise santé. Quelques années plus tard, je comprends que cette guerre-là s'est déplacée en Europe. La nourriture est devenue un marqueur identitaire, politique, un objet de la guerre culturelle en cours.

En réalité, dans nos discussions, il ne s'agit plus vraiment de savoir si l'on préfère la viande ou les légumes, si l'un ou l'autre de ces aliments est bon ou mauvais pour la santé. Désormais, nous affirmons une appartenance. Libéraux ou républicains ? Liberté ou écologie punitive ? Gastronomes hédonistes ou sectaires verts ?

Après l'avortement, le port d'armes, ou la place de la voiture en ville, la nourriture dit, au-delà de nos préférences, dans quel camp nous nous situons. C'est ce qui explique, pour beaucoup, la violence de nos discussions sur la viande. Qui n'est pas avec moi est contre moi, ma communauté.

Quand j'aborde le sujet de l'élevage industriel dans un groupe, quel qu'il soit, la question surgit immédiatement : « *Mais toi, tu es végan, végétarienne ?* » De la réponse que j'apporte, dépend l'écoute qui suivra. Si je signale que je suis dans ce « camp-là », mon discours sera directement invalidé. Si je réponds que non, je continue à manger de la viande, mais que simplement je travaille sur le sujet, j'ai peut-être encore une chance d'être écoutée.

Déplacer la question sur le terrain culturel a un autre avantage : celui de s'extraire du champ scientifique. Pas la peine de continuer à se creuser les méninges sur des questions de santé ou de climat. Oubliés les faits, les études scientifiques et les contre-études. Il est tellement plus simple d'invoquer des valeurs. La liberté individuelle. La tradition. L'argument massue : je fais ce que je veux. Laisse-moi manger tranquille. Ne t'en prends pas à moi.

Là encore, le médecin nutritionniste Serge Hercberg a été aux avant-postes. Il a vu débarquer, avec stupeur, cette nouvelle stratégie argumentaire. En 2014, alors qu'il travaille sur de nouvelles recommandations du PNNS, Jean-Paul Laplace, président de l'Institut français pour la nutrition (encore un organisme d'information monté de toutes pièces en 1974 par l'Association nationale des industries alimentaires), signe une tribune qui s'intitule : « Pourrait-on nous laisser manger tranquilles ? »

« *Manger doit rester un acte libre et non réglementé,* écrit Jean-Paul Laplace. *La peur de l'alimentation et le souhait de "manger droit" conduisent à toutes sortes de dérives : régimes sans gluten ou sans lait hors de toute justification, végétarisme strict, régimes crudivores, "préhistoriques", "détox", jeûnes prolongés… Autant de méthodes qui relèvent pour la plupart de la charlatanerie.* »

La question de la liberté clôt tous les débats. « *C'est un nouveau registre sémantique qui apparaît : celui de la "liberté", contre la contrainte, contre le sectarisme,* raconte Serge Hercberg. *Les termes "dogmatisme", "conditionnement", "pensée unique", "secte de la pensée", "nutritionnellement correct" sont désormais employés en permanence. Vous les trouverez tous les jours dans* Le Figaro, L'Express, Le Point, Valeurs Actuelles. *C'est très difficile de lutter contre ça. C'est comme la foi ou les croyances religieuses : cela n'appelle pas de discussion. Je pose ça là, je reste dans ma case. Si tu es dans celle d'en face, tu es mon ennemi. Il n'y a plus de discussion commune possible. Les faits ne comptent plus, ou en tout cas ne permettent plus d'établir de liens entre les différentes communautés.* »

Les « Z'Homnivores » est un collectif qui défend l'élevage et la viande. Il a été créé en 2017 par des acteurs de poids du secteur : l'Association bretonne des entreprises agroalimentaires, Interbev, l'Union des groupements de producteurs de viande de Bretagne, et autres coopératives agroalimentaires. Le slogan du collectif, affiché un peu partout, est très révélateur : « *Pour la liberté alimentaire* ».

Les « Z'Homnivores » sont extrêmement présents sur les réseaux sociaux, mais aussi dans la presse traditionnelle. Leurs cibles : les journalistes travaillant sur l'agro-industrie, comme Nicolas Legendre, auteur de *Silence dans les champs*, qu'ils accusent d'être un militant de « *la post-vérité* », rattaché à « *l'ultra-gauche* », en « *croisade personnelle pour la fin de l'agriculture et de la production alimentaire en Bretagne* », ou Inès Léraud, la journaliste qui a enquêté sur les algues vertes et le remembrement, taxée de « *complotiste antisystème* ».

Quelques jours après la diffusion sur Arte de mon documentaire *L'Usine des animaux*, traitant de l'élevage industriel dans le monde, le collectif diffuse un communiqué dénonçant « *un reportage de désinformation* ». Les Z'Homnivores déplorent que ce documentaire soit « *non représentatif de l'élevage français* » et brandissent, bien sûr, le drapeau de la liberté : « *La liberté alimentaire de chacune et chacun doit être respectée. Elle est le fondement de notre culture gastronomique, celle qui fait rayonner l'agriculture et la production alimentaire française dans le monde.* »

La question culturelle interdit tout débat scientifique, fondé sur les faits. Elle renvoie les décisions au consommateur, défini plus que jamais comme libre et souverain, porteur de croyances, et d'une identité qui le définit entièrement.

Elle interdit toute intervention de la puissance publique, toute réglementation, au profit de groupes qui s'affrontent, et n'ont plus à expliquer leurs choix. Pas besoin de discuter, un « foutez-moi la paix » suffira amplement.

Chapitre 6

Les politiques au service de la « paysannerie »

Le Salon de l'Agriculture, « La plus grande ferme de France »

Pendant des années, étudiante ou jeune journaliste, je me suis rendue régulièrement au Salon de l'Agriculture, Porte de Versailles à Paris. L'occasion était trop belle de voir des animaux de près. Et pas n'importe lesquels : des bovins sublimes, énormes, aux robes magnifiques. Des lapins de compétition. Des agneaux aux boucles blanches et douces.

J'y suis retournée cet hiver 2024. À l'entrée principale, des milliers de personnes se pressent autour de la vache Oreillette, la star de cette édition. Depuis 2011, chaque Salon a son égérie, son animal vedette. Et c'est bien sûr, chaque année, une vache, animal préféré des Français, incarnation de tous nos dénis et mystifications.

Cet hiver donc, l'égérie s'appelle Oreillette. C'est une bête superbe à la robe blanche tachetée de brun. Une fiche placardée sur son enclos indique qu'elle est de race normande, qu'elle a 5 ans, et qu'elle a produit l'an dernier 8 227 litres de lait.

Attachée à une longue corde, Oreillette est étendue dans la paille, et semble indifférente au bruit assourdissant des passants, aux flashes des téléphones, aux centaines de mains qui la caressent. Comment vit-elle cet environnement agressif, bruyant, qui ne correspond en rien à ce qu'elle a toujours connu ? Sa propriétaire, juste à côté, rassure le public : « *Oreillette passe un très bon Salon de l'agriculture. Elle se repose, regardez, elle est allongée tout le temps !* »

Les visiteurs, de toute façon, ne se posent pas de question. Les bêtes sont là pour eux. Des pancartes indiquent systématiquement un prénom pour chaque animal, comme s'ils en avaient tous dans leurs élevages.

Malgré les panneaux mentionnant que c'est interdit, les enfants glissent leurs doigts dans les cages des lapins, caressent les porcelets et les chevreaux. Ils l'ignorent, mais de nombreux animaux, notamment les porcs et les lapins, seront abattus une fois le Salon terminé, pour éviter les contaminations dans les élevages.

Cette année encore, le Salon de l'agriculture a rameuté plus de 600 000 visiteurs. C'est énorme. Plus d'un demi-million de Français. Il y a eu plus de visiteurs au Salon en une semaine, qu'il n'existe d'exploitants agricoles en France. Et c'est comme ça tous les ans, depuis 60 ans.

Le premier Salon de l'Agriculture, le 9 mars 1964, a été un succès d'emblée, avec 300 000 visiteurs. Là encore, c'est une idée du ministre Edgard Pisani. Comme s'il avait pressenti, dès le début, que le succès de son agriculture modernisée allait dépendre des représentations nostalgiques que les consommateurs se font de la production de leur nourriture.

Au Salon de l'Agriculture, plus qu'ailleurs, cela saute aux yeux. Les pouvoirs publics, associés à l'industrie agroalimentaire, font tout pour mettre en scène l'image d'un système qu'ils ont eux-mêmes fait disparaître. Et c'est vertigineux.

Ici, tout est mise en scène, nostalgique et trompeuse. On y trouve des ambiances qui rappellent Trianon, la ferme de la reine Marie-Antoinette, avec des bêtes toutes propres, blanches, cloches au cou et ornées de beaux rubans rouges. Mais il y a aussi, juste à côté, les plus grandes marques de l'agro-industrie triomphante. Au centre du pavillon principal, collé à un faux chalet en bois clair orné d'une pancarte « Massif Jurassien », McDonald's a un stand immense, sur deux étages. Un animateur y organise des jeux pour les enfants : « *Les nuggets, c'est fait avec du vrai poulet ? – Eh oui, du poulet 100 % français !* »

Danone a affiché une pancarte géante « *One planet, one earth.* » Chez Lidl, des hôtesses habillées en jaune distribuent des sacs en plastique aux couleurs vives aux visiteurs. Au stand des Fermiers de Loué, des enfants fascinés assistent à des éclosions de poussins en direct, sortant de leurs œufs derrière de grandes vitres en verre. Que deviendront ces poussins le soir venu ?

Herta aussi est là, « *la marque la plus achetée par les Français* » et fait déguster des mini-saucisses aux visiteurs.

Et non loin du stand Herta : le carré d'exposition des porcs du Salon. Il y a là des porcs gascons, des porcs cul noir limousins, des porcs blancs du Mans. Des races locales, anciennes, diverses, introuvables aujourd'hui dans nos campagnes. Étonnamment, on n'y trouve aucun Large White, la race hyper productive de cochons roses. Elle représente pourtant plus de 60 % des porcs élevés en France.

Le chargé de la communication d'Inaporc, l'Interprofessionnelle nationale porcine, se tient juste à côté des enclos. Il joue au naïf : « *C'est vrai qu'il pourrait y avoir quelques Large White, mais le public trouve les races locales plus mignonnes. On fait ça pour les spectateurs, c'est un retour d'expérience qu'on a eu des précédents salons. Mais on n'a pas de problème avec les Large White, vous en verrez peut-être l'année prochaine.* »

Jérôme, « Je suis éleveur de porcs, j'expose au Salon de l'Agriculture »

Je m'appelle Jérôme, j'ai un petit élevage, avec ma femme, de cochons de race ancienne : des porcs de Bayeux, en Normandie. Je suis content d'être au Salon, je viens pour présenter deux de nos porcs au Concours général agricole. C'est toujours sympa, les concours, on croise des collègues, et puis quand on gagne, on reçoit une médaille, on nous prend en photo, ça fait parler de nous dans la presse locale.

Ça me fait un peu rire de voir qu'au Salon il n'y a que moi et mes collègues qui élevons des porcs de races locales et en plein air. On sait bien qu'en réalité on représente moins de 2 % de la production de porcs de France ! Et pourtant, tout d'un coup, on nous met en avant. Les organisateurs du Salon veulent que les gens nous voient, ça fait plaisir aux visiteurs. Mais je suis quelqu'un de positif, je préfère voir le bon côté des choses, je parle aux gens, je montre mon travail.

Je ne veux pas dire du mal de l'agro-industrie, je ne suis pas venu ici pour ça. Mais si je ne devais dire qu'une seule chose, je dirais juste que l'agro-industrie a voulu aller trop vite. En gros, on a voulu ce que la nature ne pouvait pas nous donner. Pour le dire autrement : on a tous réclamé des fraises en plein hiver, et ils nous les ont données. Pour les animaux, c'est la même chose, on a voulu des fraises en hiver…

Mon mode d'élevage est très différent de l'élevage conventionnel ou industriel, comme vous préférez. Dans le milieu, on parle plutôt de « conventionnel » pour ne heurter personne. Eux, ils abattent les cochons quand ils ont 5 mois. Moi, en race locale et plein air, j'abat mes bêtes à 15, 20, parfois 22 mois. Je les nourris autrement. Mes cochons mangent des végétaux, de l'herbe, des céréales produites dans le coin. Alors forcément, ils ne grandissent pas aussi vite que ceux qui sont nourris avec du granulé et du soja hyper protéiné, mais après, moi, j'obtiens une viande de qualité.

À la fin de leur vie, j'accompagne mes cochons à l'abattoir. En élevage conventionnel, c'est un camion qui vient les chercher. Moi, je refuse de les envoyer, entassés dans un camion à deux étages qui roule pendant des heures. Je fais ça le matin, à l'aube, je fais la route avec eux. Je ne gagne pas un centime de plus en faisant ça. Mais je reste avec mes cochons, jusqu'à la fin.

Mes grands-parents étaient agriculteurs, mais mes parents, eux, travaillaient dans le machinisme agricole. Je n'ai pas voulu prendre cette voie-là. Être enfermé dans des bureaux, pour vendre du matériel gigantesque à des agriculteurs qui n'en ont pas besoin, ça ne me disait rien. Je ne suis pas fan de machines, j'aime le vivant, l'extérieur.

Travailler avec les animaux, c'est beaucoup d'aléas, c'est dur, mais ça me convient. Ça donne du sens à la vie. Quand vous travaillez avec du vivant, il y a une histoire à raconter derrière. Quand vous vendez des tracteurs, des voitures ou des vêtements, vous n'avez aucune histoire à raconter. La ferraille, c'est de la ferraille, et ça restera toujours de la ferraille. Grâce à mon métier, j'ai des histoires à raconter.

Concrètement, j'ai fait machine arrière. J'ai sauté la génération de mes parents, et je travaille à nouveau comme mes grands-parents le faisaient. J'élève des cochons comme il y a cinquante ans, et paradoxalement j'ai mis du temps à remettre ça en place.

Ma femme a fait une reconversion professionnelle. On a repris un petit fonds de commerce de charcuterie. Du coup, on transforme nous-mêmes les cochons. On a la main sur l'ensemble de l'exploitation, on est nos propres patrons. Alors que dans une exploitation conventionnelle, les éleveurs sont soumis aux aléas des cours mondiaux, de la nourriture, des intrants, c'est-à-dire de tous les produits qu'ils doivent acheter, les pesticides, les médicaments, etc. Et puis c'est nous qui fixons nos prix de vente. Demain, mon saucisson je le mets à 7 euros, si après je veux le mettre à 8 euros, je le mets à 8 euros, c'est moi qui décide.

Au Salon de l'Agriculture, on sent bien que les gens du public, les visiteurs nous aiment, mais qu'ils n'ont pas du tout compris la situation. Il n'y en a pas un seul qui sait ce qu'est la réalité de l'élevage de porcs, ni à quel point, nous, on ne représente rien par rapport aux élevages industriels. Alors ils nous disent : « Allez les agriculteurs, on est avec vous ! » Mais ils n'ont rien compris.

Le problème, c'est que si les gens ne veulent manger que du bon, des animaux élevés en plein air, bref que des produits comme les miens, il va falloir qu'ils changent de mode de consommation, et ça ils ne le comprennent pas du tout. Il va falloir manger beaucoup moins de viande, mais vraiment beaucoup moins.

On ne peut pas faire de la race locale et du plein air en grande quantité, c'est comme ça. Ça n'est pas compatible. Pourquoi ? D'abord parce que mes porcs à moi, ils ont trop de gras par rapport aux Large White, qui eux ne produisent que de la viande, quasiment prête à être découpée.

Et puis nous, on ne peut pas travailler en mécanisé avec nos cochons. Rien n'est standardisé : ni les volumes, ni le poids, ni les naissances. Donc ça demande du travail. Si les gens veulent du volume de porcs en races locales, il faut du volume en éleveurs ! Et s'ils veulent manger pas cher, ils ne mangeront pas de la qualité. C'est ça qu'il faut qu'ils comprennent.

Mais je reste optimiste malgré tout. On peut faire bouger les choses. En Normandie, nous, on s'est associés avec des copains. On travaille en bande. Par exemple, on a inventé un saucisson au miel avec une super voisine apicultrice. On peut tout faire quand on s'allie avec des gens passionnés. Je suis confiant pour l'avenir. Je ne crains qu'une seule chose, l'épuisement physique. Pour le reste, je n'ai peur de rien. Les choses ne peuvent aller que dans le bon sens maintenant.

« Soleil vert », la FNSEA

Au milieu du Salon, perché à plusieurs mètres de hauteur, un logo intrigant domine tout le pavillon. C'est un grand rond vert, constitué de lignes droites qui tournent sur elles-mêmes. Sans doute la représentation d'un immense champ labouré. Un paysage où tout serait ordonné, linéaire, parallèle. L'annonce d'un monde sans bruits ni aspérités. C'est beau, et vert, comme un « Soleil vert », ce film d'anticipation américain apocalyptique qui prédit la fin d'un monde pollué, trop chaud, où la végétation et les animaux ont disparu.

Ce logo, c'est celui de la FNSEA. C'est le premier syndicat agricole français. Il rassemble l'ensemble des productions de toutes les régions de France : céréales, fruits, légumes, laits et viande. La FNSEA est l'acronyme de « Fédération nationale des syndicats d'exploitants agricoles. Vous avez bien lu : exploitants agricoles. Pas paysans, pas agriculteurs. C'est bien le terme « exploitant » que le syndicat a choisi pour désigner ses membres à sa naissance.

Cette décision a été prise au cours d'une nuit du mois de mars 1945. L'après-guerre, encore. Pendant l'Occupation, le régime de Vichy a interdit tous les syndicats agricoles. Ils ont été remplacés par une « Corporation paysanne », unique et obligatoire. À la Libération, le gouvernement présidé par de Gaulle dissout la Corporation paysanne. Les libertés syndicales sont rétablies, des élections organisées. Les nouveaux représentants débattent du nom de l'organisation qui doit voir le jour.

« Fédération paysanne » ? Impossible, ce nom rappelle trop cette « Corporation paysanne » vichyste qui, sous couvert de régénération et de « *retour à la terre, qui ne ment pas* », a collaboré avec l'ennemi et posé les piliers de l'industrialisation de l'agriculture. Le « Maréchal paysan » a certes glorifié la ruralité et ses traditions, mais a aussi mis en place une politique agricole productiviste, accélérant le remembrement et la concentration des terres avec la loi de mars 1941. « Fédération des propriétaires », alors ? *Idem*, les propriétaires n'ont pas brillé pendant la guerre, ils sont associés aux profiteurs du marché noir.

« Fermier » sonne trop petit, trop vieux. Et « exploitant agricole » ?

« *On peine à imaginer ce qu'a représenté ce mot, "exploitant agricole"*, explique Gilles Luneau dans son livre *La Forteresse agricole, une histoire de la FNSEA. Il conférait aux paysans une parité avec la ville, avec l'ouvrier, avec le reste de la société. Derrière l'exploitant, se profilait déjà la promesse des machines, l'arsenal de la chimie, l'armée des techniciens. Un bonheur en marche ! À lui seul, ce mot trempait le paysan dans un bain de modernité assorti de reconnaissance sociale.* »

La toute nouvelle Fédération nationale des syndicats d'exploitants agricoles est née. Avec ce nom, la paysannerie tourne la page de la guerre, des citadins affamés, de la collaboration honteuse. La FNSEA incarne l'unité retrouvée du monde agricole.

En réalité, décrypte Gilles Luneau, « *ce mot nouveau marque une rupture qui n'en fut pas vraiment une* ». Car si ce sont bien des résistants qui ont pris la tête de ce nouveau syndicat, les anciens chefs de la Corporation paysanne vichyste vont méthodiquement, patiemment, reprendre le pouvoir. Peu à peu, ils parviennent à évincer des instances dirigeantes les militants issus de la gauche et de la Résistance.

La reprise en main est consommée dès 1950. Lors du Congrès de la FNSEA de cette année-là, les derniers hommes de gauche sont écartés des instances dirigeantes. La FNSEA pousse ses responsables à faire de la politique, à occuper des postes de pouvoir. Ses affiliés rentrent par dizaines au Parlement. Le syndicat va rapidement devenir le cogestionnaire de l'agriculture française.

Syndicat unique jusqu'à la création du Modef, en 1959, puis premier syndicat de France, la FNSEA élabore, avec Edgard Pisani, les principales lois de modernisation de 1960 et 1962. Elle reste depuis le principal interlocuteur des pouvoirs publics. De fait, elle est incontournable.

D'abord, parce qu'elle compte 212 000 adhérents. Cela représente près de la moitié des agriculteurs du pays. Une force de frappe hors du commun, qu'elle combine à un maillage territorial très fin, avec 20 000 syndicats locaux. Avec ces troupes, la FNSEA peut paralyser la France en quelques heures. Blocages routiers, montagnes de fumiers, pneus en feu, sont sa marque de fabrique. Mais son influence est bien plus large que sa seule capacité de nuisance. Car la FNSEA est au cœur de l'économie agricole.

Elle dirige la quasi-totalité des chambres d'agriculture (90 % des chambres départementales et 100 % des chambres régionales). Le mode de scrutin majoritaire de ces chambres privilégie le syndicat historique, à chaque élection. Or, au niveau national, les chambres d'agricultures ont un rôle majeur, le ministère leur déléguant la mise en œuvre de nombreuses politiques publiques.

Ces établissements sont essentiels dans la vie quotidienne des agriculteurs. Les chambres d'agriculture aident les jeunes à s'installer, proposent des formations, accompagnent et conseillent les exploitants agricoles tout au long de leur vie.

La FNSEA contrôle aussi une majorité de la presse professionnelle agricole. Des membres du syndicat participent à la gestion de la banque Crédit Agricole, à la société d'assurance mutualiste Groupama. Ils sont également présents dans les structures d'enseignement et de recherche liées au monde agricole. Toutes ces organisations sont étroitement liées. Comment vivre et travailler sans elles ? Comment ne pas choisir le système productiviste quand on est jeune agriculteur, et que l'on sait qu'on pourra bénéficier du soutien de toutes ces structures ? À l'inverse, comment s'opposer à ce maillage si serré du territoire et du métier ?

Enfin, la FNSEA dirige depuis 1966 le Conseil de l'agriculture français, dont la fonction est de définir les positions communes du monde agricole, pour ensuite en discuter avec les pouvoirs publics. Le Conseil de l'agriculture français est tout simplement fermé aux autres syndicats.

Sur le fond, la FNSEA prône une agriculture productiviste, intensive et mécanisée, conquérante sur les marchés français et à l'étranger. Historiquement, elle s'est opposée à de nombreuses mesures de protection de l'environnement, comme la réduction de l'usage des pesticides ou l'interdiction du glyphosate.

Ceux qui veulent gouverner le savent : il faut faire avec la FNSEA. Deux patrons du syndicat sont devenus ministres dans des gouvernements de droite, sous

Raymond Barre et Jacques Chirac. Aucun ministre de l'Agriculture n'a jamais été nommé sans avoir reçu auparavant l'aval de la FNSEA.

Dominique Bussereau, ministre de l'Agriculture entre 2004 et 2007, le raconte dans l'émission « Pièces à Conviction » en janvier 2017 : « *Quand j'ai été nommé, Jean-Michel Lemétayer, le président de la FNSEA de l'époque, était venu me voir. J'avais eu l'impression d'une visite d'embauche.* »

Même Stéphane Le Foll, le ministre socialiste nommé à l'Agriculture en 2012, a été adoubé par le syndicat avant d'entrer au gouvernement. La FNSEA le traitera ensuite pourtant bien mal, organisant des intrusions dans son jardin en pleine nuit, et lui tournant le dos, au sens propre, pendant ses discours.

La FNSEA a, traditionnellement, son rendez-vous mensuel avec le ministre de l'Agriculture, et depuis février 2024, avec le Premier ministre. La FNSEA cogère la politique agricole de la France, ce qui explique pourquoi il est souvent si difficile de différencier les éléments de langage utilisés par les ministres et les patrons du syndicat.

Même en sachant tout cela, l'obéissance aveugle du gouvernement, face à une révolte agricole totalement récupérée par la FNSEA en février 2024, a réussi à me surprendre.

Les politiques aiment les « bons paysans français »

Trois semaines de violences, rares. Trois semaines, cet hiver 2024, au cours desquelles les agriculteurs ont détruit un fast-food, déversé du lisier sur un autre, incendié une préfecture, fait sauter un bâtiment du ministère de la Transition écologique à Carcassonne.

Massés aux portes de Paris, bloquant la circulation, ils ont menacé de « *faire le siège de la capitale* ». Benoît Durand, un éleveur de volailles qui participe à un blocage près de Chartres, prend la parole sur BFM-TV : « *On siège ici, on a tout le temps, ça va se faire naturellement et gentiment, de près et de loin. De toute façon, les Parisiens vont être affamés. Le but c'est d'affamer les Parisiens, point.* »

Et rien. Pas de réaction. Le ministère de l'Intérieur Gérald Darmanin, les yeux humides, refuse « *d'envoyer des CRS sur des gens qui travaillent* » et souligne qu'ils sont « *des patriotes* ».

Sans aller jusqu'à imaginer le traitement qui aurait été réservé à des jeunes des quartiers populaires ou des écologistes déclarant vouloir assiéger la capitale, je me suis posé la question : quelle autre profession a droit à autant d'indulgence de la part de la classe politique ?

Les agriculteurs sont les chouchous de nos gouvernants. Ils sont d'ailleurs les seuls à disposer d'un ministère qui leur est propre, avec les professeurs. Mais on compte deux fois plus d'enseignants que d'agriculteurs, et ces 853 000 professeurs ont la charge d'instruire 12 millions d'élèves en France.

Ce ministère de l'Agriculture a vu le jour le 14 novembre 1881. Les fondateurs de la IIIe République, en quête de soutien politique, font alors les yeux doux aux paysans, dont le statut social a profondément évolué tout au long du XIXe siècle.

« Pendant très longtemps, le paysan est un personnage qui est essentiellement moqué. Il est présenté comme un être grossier, rustre, peu éduqué, voire dangereux », m'explique Alix Ricau, doctorante en littérature comparée à l'université libre de Berlin. Elle travaille sur la formation des imaginaires collectifs, et les représentations de la ruralité en Allemagne et en France.

« Mais au XIXe siècle, tout change. On commence à vanter son travail acharné, sa piété, sa vie simple. C'est le cas chez des auteurs comme George Sand, ou même chez la comtesse de Ségur, dans des romans champêtres ou des livres pour enfants. C'est le début des images stéréotypées des vaches heureuses, des campagnes bucoliques, des petites gardiennes d'oies en fichu, tous ces éléments qu'on retrouve encore aujourd'hui dans les publicités. Le paysan est présenté peu à peu comme un ami de la nature, un défenseur des régions. Ce qui est frappant, c'est de voir que ces images d'Épinal, très éloignées des réalités du monde rural, ont été popularisées à mesure que se modernisait la production agricole. »

L'industrialisation de l'agriculture, encore. La société s'éloigne alors du monde paysan et commence à manger de la viande en masse. Les premiers abattoirs industriels, on l'a vu, naissent à cette époque. Le mythe du bon paysan, l'idéalisation de la vie à la ferme permettent d'atténuer les contradictions qui surgissent.

Cette industrialisation générale signe également l'acte de naissance d'une nouvelle classe sociale : celle des ouvriers. De plus en plus nombreux, de plus en plus organisés, ils commencent à effrayer les pouvoirs publics. Classes laborieuses, classes dangereuses. Les prolétaires sont vus comme des graines de révolutionnaires, potentiellement tous attirés par le communisme.

Face à ce danger, le pouvoir en oublie les Jacqueries, les violentes révoltes paysannes, légendaires et répétées. Les politiques réalisent que les paysans, eux, sont des travailleurs indépendants qui produisent du capital. Ils sont pauvres, certes, mais ils rêvent de propriété. Les agriculteurs représentent soudain une réserve de voix plus sage, plus stable, plus rassurante que celle des ouvriers. La IIIe République, à peine née, commence à opposer monde rural et monde urbain. Et c'est elle qui offre aux agriculteurs leur premier ministère. La paysannerie, finalement, c'est la France.

La saignée de la Grande Guerre renforce cette image patriotique. Les paysans paient le plus lourd tribut au massacre général. 550 000 d'entre eux se font tuer sur le front. Les politiques leur rendent hommage en bâtissant des monuments aux morts dans chaque village.

Le régime de Vichy, enfin, utilisera, plus qu'aucun autre, l'imaginaire d'une paysannerie qui constitue l'essence même de la France. Dès le 21 juin 1940, quatre jours seulement après la défaite, le vieux Maréchal évoque

« la terre qui, elle, ne ment pas. Elle demeure votre recours. Elle est la patrie même ».

Pour Alix Ricau, cet imaginaire s'est peu à peu installé dans nos consciences, et reste d'actualité. « *Il y a une intention politique qui est claire aujourd'hui : celle de la revalorisation de la figure du paysan. La cause la plus importante, d'après moi, de cette romantisation de la paysannerie, c'est l'investissement nationaliste.*

La question identitaire est tellement exacerbée aujourd'hui qu'elle explique pour beaucoup ce repli autour de la figure de l'agriculteur. On est dans une période de bouleversements inédits, donc forcément, on a besoin de se raccrocher à des figures qui nous paraissent stables. Cette façon de se relier à nos racines, à notre identité, ce rapport à la terre, est en cours dans l'ensemble des pays européens. La figure de l'agriculteur, défenseur de valeurs traditionnelles à rebours d'un monde en mutation, est ce qui fonctionne le mieux pour rassurer les masses, et nourrir un nationalisme en plein essor. »

La viande bleu blanc rouge

Dans nos supermarchés, les rayons de viande se sont couverts de couleurs bleu blanc rouge. Une avalanche de petits drapeaux tricolores, de cartes de France en miniatures, de références à des terroirs, de « *porcs français* », « *Bleu blanc cœur* » et autres « *œufs de France* ».

Le local est à la mode. Il y a bien sûr quelque chose de positif là-dedans. L'idée de reprendre la main sur son alimentation, de sortir du système agro-industriel. De mieux rétribuer les éleveurs français aussi, de tisser des liens sociaux avec les producteurs. De renouer enfin avec des aliments non pas venus de « nulle part », mais bien ancrés dans un lieu, dans un contexte social et culturel.

Mais un porc français, je vous l'ai dit, est élevé dans des conditions strictement identiques à celles des pays étrangers. Rien ne ressemble plus à une usine de porcs de la Sarthe, qu'une usine de porcs située dans l'Iowa ou au Brésil. Pour en avoir visité beaucoup, et sur tous les continents, je peux assurer que, vues de l'intérieur, il est impossible de les différencier. De la taille des cages, aux couleurs des mangeoires, en passant par les sols ajourés, ou même les balais pour nettoyer les sols : l'homogénéité est totale.

J'ai retrouvé les mêmes claquettes à porcs, ces longs bâtons blancs utilisés pour faire avancer les animaux, qui se terminent sur des pales en plastique bleues et rouges, en Europe, en Asie et en Amérique. Elles s'abattent sur des cochons absolument identiques : vous le savez maintenant, le Large White est la première race de porcs élevée en France, et dans le monde entier.

Au fond, que ces usines à animaux soient superposées dans ces impressionnants immeubles aux multiples étages en Asie, ou étalées côte à côte dans la campagne bretonne ne change rien à l'affaire.

Sur le plan écologique, c'est la même chose : on peut faire local, et extrêmement destructeur. Le fait que la viande vienne de loin ne joue presque pas dans sa facture écologique globale. La distance d'approvisionnement ne pèse que très peu sur l'empreinte carbone du système alimentaire. Ce sont les conditions de production, l'alimentation des animaux, l'énergie dépensée, les déjections, qui posent le plus de problèmes. La phase de transport des produits représente, elle, moins de 10 % de la pollution générée par la production de viande.

Une étude américaine, publiée dans la revue *Science*, a montré qu'une seule journée par semaine sans consommer de produits animaux réduit davantage les émissions de gaz à effet de serre, que faire l'intégralité de ses courses hebdomadaires en local.

Le local n'est pas bon «*par nature*», expliquent les chercheurs Damien Conaré et Nicolas Bricas, dans leur ouvrage *Une écologie de l'alimentation*. Et surtout, il est chargé d'étranges affects. «*Le local possède une face sombre, marquée par une dimension identitaire, de repli sur soi et de rejet de l'altérité, où il s'agit de flatter spécificités et authenticités. Un discours assez répandu, repris par les partis d'extrême droite, promeut un "localisme" dans une version défensive.* »

Serge Hercberg, le médecin nutritionniste inventeur du Nutri-Score, se dit très inquiet de ce nouvel argumentaire qui émerge. « *C'est ce que j'appelle le gastro-populisme, ou le gastro-nationalisme. C'est vraiment la nouvelle offensive en cours menée par les lobbys de la viande. Celle qui explique qu'en plus de porter atteinte aux libertés individuelles des Français, nous touchons aussi à un patrimoine culturel, gastronomique, et donc nous portons atteinte à ce qui fait, profondément, notre pays.*

Ces références nationalistes, on les entend de plus en plus dans la bouche des partis d'extrême droite, chez le RN en France mais aussi chez Fratelli en Italie, l'AFD en Allemagne, Vox en Espagne. C'est à la fois très nouveau, et franchement inquiétant. Parce que par contrecoup, nous qui défendons une réglementation, un cadre, des outils de régulation, nous devenons l'anti-France. Et donc des ennemis de la nation. »

Dans une publicité pour la marque nommée à point « Le Gaulois », un cuisinier plante carrément un drapeau français dans un blanc de poulet. Dans les travées du Salon de l'Agriculture, on applaudit à tout rompre le passage du candidat du RN, Jordan Bardella, qui, en plus d'annoncer l'interdiction de la viande halal et casher s'il arrive au pouvoir, se réclame de « patriotisme économique ».

La « ferme France » et la souveraineté alimentaire

De cet élan national, voire nationaliste, surgit un autre concept – et un autre mythe – sans cesse mis en avant par nos hommes politiques. Celui de la « souveraineté alimentaire ». Elle est invoquée en permanence, en défense de notre agriculture, et de notre fameux modèle français. « *La France ne peut tout de même pas se laisser mourir de faim. Ou pire, dépendre d'autres pays.* » C'est une question d'indépendance. Une question vitale, donc.

En 2022, c'est sans précédent : le ministère de l'Agriculture est rebaptisé. Il devient pour la première fois « ministère de l'Agriculture et de la Souveraineté alimentaire ».

La crise du Covid, mais surtout l'invasion de l'Ukraine par la Russie en 2023 remettent ce concept sur le devant de la scène. Sensation de catastrophe, d'urgence à produire, peur de manquer. Utilisée régulièrement par le gouvernement et la FNSEA, la souveraineté alimentaire devient plus qu'un slogan : un argument d'autorité, qui justifie toutes les régressions sociales et environnementales.

Avant de se demander, nous explique-t-on, comment faire avancer la transition écologique, ou améliorer le bien-être animal, il faut commencer par nourrir les Français. Or, l'accumulation de normes européennes et écologiques rendrait les produits étrangers plus compétitifs que les nôtres, mettant en péril notre souveraineté alimentaire.

Le plus souvent, l'utilisation du concept est suivie de commentaires affligés sur notre supposée « *dépendance aux importations* », et « *la baisse de nos exportations* ». Les images de poulets brésiliens et ukrainiens inondant nos marchés surgissent alors comme la preuve définitive du déclin français.

Face à cela, la seule solution serait d'intensifier davantage notre agriculture, d'accélérer son industrialisation et sa productivité, pour ne pas avoir à faire venir notre nourriture d'ailleurs.

À l'origine, l'idée de souveraineté alimentaire émane pourtant d'une gauche inquiète des excès de la mondialisation, dans les années 1990. Il s'agit à l'époque d'essayer de contrer des accords de libre-échange peu soucieux des droits sociaux, des conditions de vie des paysans, ou de la protection de l'environnement. L'objectif est alors de « *produire ici, pour nourrir ici* ».

En février 2024, au Salon de l'Agriculture, une femme interpelle Emmanuel Macron sur ce thème : « *La souveraineté alimentaire, la nôtre, n'est pas la même que la vôtre !* » Le président de la République lui répond, d'un ton très agacé : « *C'est quand même pas compliqué, la souveraineté alimentaire, c'est le fait de produire ce que l'on consomme.* » En fait, si, c'est un peu plus compliqué que cela.

Alors pour bien le comprendre, mettons les choses à plat. C'est vrai, la France importe des aliments. Beaucoup, même. Nous importons 75 % du blé dur que nous consommons, 26 % de pommes de terre, 37 % de fruits tempérés et 26 % de porcs.

Est-ce que cela veut dire pour autant que notre souveraineté alimentaire est menacée ? Pas vraiment. Il faut analyser d'autres statistiques. Et notamment le rapport entre la production et la consommation française, c'est-à-dire ce que l'on appelle le « taux de réapprovisionnement ».

Or, ce taux est de 148 % pour le blé dur, 113 % pour les pommes de terre, 82 % pour les fruits tempérés et 103 % pour le porc ! Cela paraît incroyable. Comment est-ce possible ? En fait, cela signifie que, dans ces secteurs, la production nationale suffit largement à notre consommation, mais que l'on importe… pour compenser nos exportations.

Tout cela fait beaucoup de données. J'ai moi-même mis du temps à y voir clair. Pour le dire autrement, et le résumer le plus simplement possible : le problème en France, c'est qu'on exporte ce que l'on produit – y compris ce dont on a besoin – et que l'on est obligé d'importer ensuite pour compenser. Cherchez l'erreur.

Il y a en réalité très peu de produits en France pour lesquels notre production n'est pas autosuffisante. Ce sont, de manière assez évidente, les denrées qui ne poussent pas sur notre sol : les fruits exotiques, l'huile de palme, le riz, le chocolat, et le café.

Mais comment expliquer le décalage pour les autres produits ? Cela peut être lié à certaines spécificités de la demande. Par exemple, la France produit plus de blé dur qu'elle n'en consomme, mais elle importe les deux tiers de sa consommation sous forme de pâtes italiennes principalement. Concernant la viande, les Français préfèrent certaines parties du porc, comme les jambons, qui doivent donc être en partie importés, au détriment de pièces comme les oreilles et les pieds, qui sont, elles, exportées.

En réalité, le seul produit pour lequel nous ne sommes vraiment pas autosuffisants, et depuis peu, c'est le poulet. La France importe effectivement la moitié de ce qu'elle consomme. Mais il s'agit d'un phénomène très récent, qui s'explique par la spectaculaire augmentation de notre consommation de volaille.

Nous avons en effet modifié nos habitudes alimentaires, et remplacé le poulet entier, mangé en famille et à domicile, par du poulet bas de gamme, mangé en morceaux dans des sandwichs, des cordons-bleus, des chicken wings ou des nuggets. Et c'est bien ce poulet bas de gamme, produit à bas coût en Pologne ou en Ukraine que nous importons.

Or, ce déficit commercial n'a pas toujours existé. Dans les années 1980, la France s'est même spécialisée dans le « poulet export », le poulet le plus bas de gamme du monde, destiné essentiellement à l'Afrique et au Moyen-Orient. Un poulet de faible poids, abattu très jeune, à moins de 28 jours, et congelé, dont pas un seul consommateur français ne voudrait.

Ce « poulet export » a détruit les marchés locaux et les organisations paysannes de nombreux pays en développement. Entièrement destiné à l'exportation, il représente encore 23 % de notre production de volaille.

Prétendre défendre la souveraineté alimentaire, mais exporter le maximum de viande à l'étranger, ce double langage est incarné à merveille par un géant français de l'agroalimentaire, le groupe LDC.

Basé à Sablé dans la Sarthe, LDC – 6 milliards d'euros de chiffre d'affaires – est le numéro un de la volaille, dindes et canards, en France et en Europe. C'est le numéro 2 de l'agroalimentaire français, juste derrière Bigard, ce qui ne l'empêche pas de se présenter sur son site comme « un groupe familial ».

Dans ses déclarations et ses communiqués, LDC dénonce les importations de volaille ukrainienne et polonaise dans notre pays. En chœur avec les principaux acteurs de la filière, LDC se lamente régulièrement sur notre souveraineté alimentaire menacée. Or, une enquête de l'association L214 a montré comment l'entreprise exporte, chaque année, dans le même temps, des millions de poulets élevés en Bretagne dans les pires conditions, vers l'Arabie saoudite...

Les Français ne risquent pas de mourir de faim. Nous importons 20 % de notre consommation alimentaire, mais nous exportons 25 % de notre production, pour des raisons qui ne sont pas liées à notre souveraineté alimentaire, mais bien à des choix de marchés.

Si les politiques agricoles françaises ont toujours affiché un objectif de sécurité alimentaire, elles ont pour autant largement orienté l'agriculture vers l'exportation en encourageant l'agrandissement et la spécialisation des fermes. Intensifier toujours plus notre agriculture, au motif de notre souveraineté alimentaire, est une véritable arnaque, basée une fois de plus sur un mensonge.

Nous sommes en réalité une des plus grandes puissances mondiales de l'agroalimentaire en général, et de l'élevage en particulier. Notre palmarès est infini. La France est le sixième exportateur mondial de produits agroalimentaires.

Notre pays est le leader mondial de l'exportation de la génétique animale (embryon et semences). Il est numéro un dans l'exportation des animaux vivants. Vous avez bien lu : numéro un. Nous exportons plus d'un million de bovins, des veaux mâles notamment, sans valeur pour l'industrie laitière, en Italie et en Espagne pour y être engraissés, avant d'être vendus et abattus dans des pays sans cheptel, en Afrique du Nord et au Moyen-Orient.

Dans ce secteur, la France se place devant les immenses puissances de la viande que sont les États-Unis, le Brésil, la Chine ou la Nouvelle-Zélande.

Nous sommes aussi le septième exportateur mondial de machines agricoles. Le dixième exportateur d'engrais et de produits phytosanitaires. Nous nous plaçons au douzième rang mondial pour l'exportation de viande et de produits carnés. Joli tableau de chasse pour un pays présenté comme constitué de petites fermes familiales, dépendant des autres et menacé de pénuries.

Un dernier point encore : si « nourrir les Français », était vraiment une préoccupation majeure des pouvoirs publics, il existe une solution toute simple : réduire le nombre d'élevages sur notre territoire. En effet, 60 % des surfaces agricoles françaises (dont une moitié de terres arables) sont dédiées à l'alimentation animale.

En d'autres termes : nous faisons pousser des végétaux non pas pour nourrir les hommes, mais pour alimenter notre bétail. Réduire notre cheptel de bovins et réorienter leur alimentation vers les prairies permettrait de libérer des millions d'hectares de terres arables, et produire de la nourriture directement pour les humains.

Épilogue de la crise agricole

« L'agriculture fait partie de l'âme de notre pays. Elle fait partie de nos racines et de notre héritage. Si les mots pays

et paysan se ressemblent tant, c'est parce que l'un ne va pas sans l'autre. » Devant le Sénat le 31 janvier 2024, le discours de politique générale du Premier ministre Gabriel Attal est un concentré de patriotisme rural. Défendre les agriculteurs, ajoute-t-il, c'est « *défendre notre identité, et c'est défendre la France* ».

« Défendre la France », ce jour-là, en plein mouvement agricole, cela signifie céder à toutes les revendications de la FNSEA. Dès les premiers jours de manifestation d'agriculteurs, le syndicat majoritaire a trouvé un bouc émissaire parfait : l'écologie. Les normes environnementales, responsables de tous les malheurs des paysans. Et tant pis si la transition écologique n'en est qu'à ses balbutiements. Tout le monde suit, médias y compris.

Une grande partie du mouvement agricole s'organise soudain autour d'un seul mot d'ordre : la simplification globale des normes. En moins de trois semaines, la FNSEA réclame et obtient le blocage de nombre de lois de protection de l'environnement en France.

Cette crise de février 2024 n'est pas une crise comme une autre. Elle est profondément révélatrice de la persistance du modèle agro-industriel en France. On y retrouve tous les fondamentaux de l'agriculture productiviste. Comme si rien n'avait changé depuis les années 1950.

L'addiction aux pesticides, avec la mise en pause du plan Ecophyto, qui devait fixer les nouveaux objectifs de réduction de l'usage des traitements. L'addiction aux énergies fossiles, avec le renoncement à la hausse de la taxe sur le gazole non routier. L'accaparement de l'eau, contre lequel les recours vont être facilités. La concentration des terres, facilitée par le droit. La fin de la règle des 4 % de jachères, qui permettaient aux sols de se reposer un peu. Les dérogations en pagaille accordées pour détruire les arbres et les haies.

Bref, rien n'a changé. « *Nourrir le monde* », « *sauvegarder la souveraineté alimentaire* » : mêmes justifications, mêmes discours, mêmes schémas de pensée. Des années 1950 jusqu'à aujourd'hui, la trajectoire des pouvoirs publics ne bouge pas. La France poursuit son engagement vers une agriculture plus mécanique, plus concentrée et plus industrielle que jamais.

Chapitre 7

Est-ce que je veux vraiment savoir ? Nos biais cognitifs

Mon cerveau et la dissonance cognitive

Pourquoi est-il aussi facile de nous mentir ? Pourquoi adhérons-nous tous si facilement à ces récits, si éloignés de la réalité ? Sans doute parce qu'une petite partie de nous-mêmes consent à ces mensonges. Nous désirons entendre ces histoires. Et ce, pour une raison très simple : nous y trouvons notre intérêt. Nous n'aimons pas souffrir. Nous ne voulons pas vivre en contradiction avec nos valeurs.

Or, ces valeurs, sur les questions touchant à l'alimentation, se rappellent à nous en permanence, et de manière très concrète.

Ce n'est pas le cas de la plupart des débats de société, le plus souvent posés de façon très théorique. Je peux être scandalisée par les violences policières, ou dénoncer l'évasion fiscale des plus riches. La probabilité que je sois confrontée à ces problématiques, dans ma vie de tous les jours, est extrêmement faible. Je n'ai donc pas à remettre en question mes pratiques, sur ces thèmes, au quotidien. Mon opinion sur l'optimisation fiscale n'a pas vocation à se transformer en actes. Je n'ai jamais rencontré Bernard Arnault, et je ne suis pas millionnaire.

Ce n'est pas le cas pour les questions alimentaires : trois fois par jour, je fais face à mes principes, concrètement.

Aimer les animaux et manger massivement de la viande tous les jours est une contradiction. Et cette contradiction crée une souffrance psychologique permanente. C'est ce qu'on appelle la « dissonance cognitive ». C'est un concept clé pour comprendre notre consentement à ces histoires de petites fermes familiales et d'animaux heureux.

J'insiste sur l'aspect massif, et quotidien, de la consommation de viande, car c'est bien ce caractère qui la relie à l'élevage intensif. Manger des produits animaux tous les jours ne peut pas se faire en dehors d'un système industriel. On ne peut pas produire de telles quantités de viande, pour des millions de personnes, ailleurs que dans des usines. On ne peut donc pas en manger au quotidien sans participer à un système qui crée une souffrance intense et inédite.

Je pars également du postulat que l'amour des animaux est partagé par le plus grand nombre. Qu'ils soient de compagnie, sauvages ou d'élevage, tout le monde se soucie des bêtes. Personne ne supporte l'idée de faire souffrir sans raison un chat, un panda ou un porcelet. Les sondages, année après année, le montrent : qu'ils soient de droite ou de gauche, 85 % des Français sont favorables à l'interdiction de l'élevage intensif.

Revenons-en à la « dissonance cognitive » qui nous saisit quand nous mangeons de la viande. L'homme qui a inventé ce concept est un psychologue américain, Leon Festinger. Statisticien, il crée un centre de psychologie expérimentale dans les années 1950. Après des années passées à y mener des expériences, il publie en 1957 un livre : *Une théorie de la dissonance cognitive*.

Leon Festinger y affirme que nos choix et nos actions reflètent nos valeurs. Nous choisissons ce que nous apprécions, et rejetons ce qui nous déplaît. Cela paraît évident. Sauf que parfois, nos actions, nos comportements sont en contradiction avec nos valeurs. Je me définis comme quelqu'un de généreux, mais je refuse de prêter de l'argent à un ami. Je sais que fumer est mauvais pour la santé, mais j'y prends du plaisir. Ces contradictions me mettent mal à l'aise. Je suis alors en pleine dissonance cognitive.

Si je me soucie des animaux, et que je participe en même temps à un système qui leur procure des souffrances démesurées, comment puis-je alors diminuer ma dissonance cognitive ? Deux solutions se présentent à moi.

La première, c'est, logiquement, de changer de comportement. Arrêter de manger les animaux. Je deviens végétarien, je ne participe plus à un système de production violent et cruel. Me voilà cohérent, aligné avec mes croyances. J'ai résolu mon dilemme moral.

Mais il y a tout de même un problème. L'effort que je dois déployer pour cesser de manger des produits animaux est énorme. Je dois sacrifier un plaisir personnel, dans un environnement où la norme sociale me pousse à en consommer tous les jours. Changer de comportement dans ces conditions est très compliqué.

Il existe une deuxième solution, beaucoup plus simple. Si changer de pratique est trop difficile, je peux tout simplement changer mes croyances, pour qu'elles n'exigent pas de moi que je devienne végétarien.

Il suffit alors de s'inventer un récit : manger de la viande n'est ni cruel ni néfaste. J'aime les animaux, mais je peux en manger sans leur faire du mal : je ne suis plus en contradiction moi-même, et cela ne me coûte aucun effort.

Vous l'avez deviné, la plupart des gens choisissent cette deuxième option. Et les stratégies à mettre en place, pour se raconter que les animaux ne souffrent pas, sont nombreuses.

Les animaux ne souffrent pas

Première stratégie : éviter de s'informer. Les inégalités me mettent mal à l'aise ? Je détourne les yeux, pour ne pas voir un éxilé allongé sur un trottoir. Je traverse la rue quand j'aperçois une famille avec des enfants qui campent dehors.

J'applique la même méthode pour mon alimentation. Il suffit d'éteindre la télévision quand un reportage évoque l'élevage industriel, de ne pas lire les articles sur l'abattage, ou encore utiliser le traditionnel « *Non, je t'en prie, ne me parle pas de ça, tu vas me couper l'appétit* », quand quelqu'un tente d'aborder le sujet à table.

Mais cette stratégie de déni a ses failles. Car les informations fuitent. Des vidéos terribles tournées dans des abattoirs circulent sur les réseaux sociaux. J'aperçois une usine de volailles gigantesque au détour d'une promenade à la campagne. Ces centaines de barquettes plastifiées dans les supermarchés, elles viennent vraiment de petites fermes ? Le doute s'installe. Mon cerveau doit trouver une autre parade que le simple refus de réalité.

Et si, plutôt que de nier le fait qu'on leur fasse du mal, je réfutais le fait que les animaux souffrent ? En tout cas, qu'ils souffrent comme nous. Peu importe qu'ils aient des yeux, des nerfs, des cordes vocales, qu'ils se débattent et crient quand on leur fait du mal : ils n'ont pas notre sensibilité, notre conscience de la mort. Ce sont des machines. Ils sont stupides. Il suffit de nier qu'un poulet ou un cochon puisse ressentir de la peur, de l'empathie, des émotions, et le tour est joué.

Notre système alimentaire semble ainsi extrêmement cohérent. Mieux : il a même l'air moral, car il établit des hiérarchies entre les animaux, épargnant ceux qui sont les plus susceptibles de souffrir.

En effet, nous ne mangeons pas les êtres les plus sensibles, qui nous ressemblent, comme les chiens et les chats. Nous ne consommons que la chair des animaux les plus stupides, les plus basiques. Quoi de plus impavide qu'une vache ? Quoi de moins expressif qu'une poule ?

Quoi de plus bête qu'un cochon ? Sans parler des poissons, qui ne crient même pas.

D'une certaine manière, nous sommes persuadés que nous ne mangeons pas les chats et les chiens, parce qu'ils sont intelligents et joueurs. Aucun Français n'accepterait le fait d'engraisser des chiots ou des chatons par milliers dans des cages, avant de les pendre par une patte, et de les tuer sur un rail dans une usine.

Nous pensons que nous mangeons les animaux situés tout au bas de l'échelle de la sensibilité et de l'intelligence, car nous sommes des êtres moraux et que nous l'avons décidé.

Or, des études scientifiques montrent que c'est exactement le contraire. C'est bien parce que nous les mangeons, que nous avons désigné les animaux d'élevage comme étant des êtres stupides et insensibles…

C'est ce que montre une expérience menée par Steve Loughnan, chercheur en psychologie à l'université de Melbourne. Il a demandé à des panels de participants, issus de cultures et de pays différents, de situer 30 animaux sur deux axes : le premier permettant d'évaluer leur intelligence, le deuxième, leur comestibilité.

Il découvre alors que les Asiatiques placent les chiens très bas sur l'échelle de l'intelligence, et assez haut sur l'échelle de la comestibilité. À l'endroit même où les Européens situent, eux, les poulets et les cochons. Les Japonais qui mangent du dauphin les considèrent comme stupides, les Français qui n'en consomment jamais les placent au sommet de la hiérarchie des animaux, etc.

Bref, vous l'avez compris : nous pensons que les animaux d'élevage sont stupides, *parce que* nous les mangeons, et non pas l'inverse. Il s'agit de justifications élaborées *a posteriori*. Nous dévaluons certains animaux sur l'échelle de l'intelligence, nous estimons qu'ils ne sont pas sensibles, pour nous convaincre de notre bon droit, et diminuer notre dissonance cognitive.

En réalité, nous y reviendrons, l'éthologie, l'étude des comportements animaux, montre depuis une vingtaine d'années de manière spectaculaire à quel point les animaux d'élevage sont, eux aussi, intelligents et sensibles.

Le cochon est bien plus capable d'apprentissages cognitifs que le chien. Il peut reconnaître 30 de ses congénères, avec lesquels il a des relations différenciées. Une vache exprime de la joie quand elle acquiert une connaissance nouvelle. Une poule peut choisir les aliments analgésiques dans sa nourriture, pour se soigner quand elle est malade. Elle sait transmettre cette information, et se montrer solidaire d'un autre poulet souffrant.

Mais nous avons décidé de croire ce qui nous arrangeait bien. À grande échelle.

Romain Espinosa, le chercheur en économie dont je vous ai déjà parlé, m'a raconté, à ce sujet, une autre expérience particulièrement éclairante.

Deux groupes sont choisis de manière totalement aléatoire. Le chercheur fournit au premier groupe des morceaux de viande séchée. Au deuxième groupe, des noix. Ensuite, il pose à tous une série de questions tournant autour des droits des animaux, et de leur capacité à souffrir.

Les résultats sont très clairs. Les participants qui viennent de manger des bouts de viande se disent moins sensibles aux droits des animaux que ceux qui ont consommé des produits végétaux. C'est bien ce que l'on mange qui influence nos opinions, et non pas l'inverse.

Plus on mange de la viande, plus on est désireux de diminuer le poids moral de nos actes. Et c'est ainsi que plus notre élevage s'est industrialisé en France, plus nous avons eu besoin de solliciter l'image de la petite ferme familiale et heureuse. Autre façon de minimiser les souffrances que nous infligeons aux animaux.

Chapitre 8

Vertige et accélération de l'élevage industriel

La facture écologique

Je reviens dans la maison de mes parents, comme à toutes les vacances. C'est une grande bâtisse bourgeoise, qui surgit au bout d'une allée de vieux chênes plantés avant la Révolution française. Sept générations ont vécu ici. Dans de vieux albums reliés, datant parfois de la fin du XIXe siècle, des photos parfaitement conservées. Elles représentent des scènes de vie de l'époque.

Les adultes sont réunis, assis dans des transats sous un magnolia fleuri. Les enfants posent, classés par ordre de taille, devant le grand escalier de la maison. Mon arrière-grand-mère se tient fièrement, un bébé dans les bras, devant une des premières voitures de la région.

Et puis il y a aussi les photos de la rivière, le Don, qui coule au fond du jardin. Des garçons, en maillot de laine, y nagent. Sur la rive, on a construit un plongeoir en bois. Mon grand-père, puis mon père enfant posent fièrement, à 30 ans d'écart, après une partie de pêche, un énorme brochet à bout de bras.

Une génération plus tard, tout a changé. Quand j'étais enfant, dans les années 1980, nous n'avions pas le droit, avec mes cousins, de nous baigner dans le Don. Inutile de pêcher : il n'y avait plus de poisson. « *C'est à cause des nitrates* », répondaient nos parents quand nous leur posions des questions.

J'ai intégré ces faits comme étant parfaitement normaux. L'idée que la rivière était toxique pour quiconque y plongeait, que les poissons y mouraient, ne me posait aucun problème. Certains étés, le Don était entièrement vert, recouvert d'une fine couche de lentilles d'eau. Je n'avais jamais connu autre chose, je ne m'en suis donc pas inquiétée.

J'ai compris seulement des années plus tard qu'il y avait un problème. J'ai alors voulu savoir pourquoi le Don était aussi abîmé. Je me suis penchée sur les études réalisées dans le département par les pouvoirs publics. Elles sont unanimes. L'essentiel de cette pollution est d'origine agricole.

La Loire-Atlantique est une zone d'élevage, principalement de bovins et de volailles, mais aussi de culture de maïs. Pendant des années, les matières organiques, les eaux usées, les épandages de lisiers, les nitrates des exploitations agricoles se sont répandus dans toutes les rivières du département, dont le Don, favorisant la croissance d'algues, déséquilibrant les écosystèmes et rendant impossibles les baignades.

Dans les années 1990, des réglementations ont été mises en place. Les agriculteurs ont appris à maîtriser leurs épandages. Aujourd'hui, la pollution est moins visible, mais elle est toujours là. Plus que les nitrates, toujours présents, ce sont les pesticides qui posent désormais problème. Ils sont, eux aussi, liés à l'élevage des animaux.

En 2022, 47 molécules ont été relevées dans le Don, et analysées. Ce sont essentiellement des herbicides, c'est-à-dire des pesticides utilisés contre les mauvaises herbes. On retrouve, entre autres, du Diméthénamide, un herbicide utilisé sur le maïs et interdit depuis juin 2008. Du Terbuthylazine, autre herbicide interdit depuis 2003, sauf pour le maïs. Du Bentazone, herbicide utilisé sur les céréales et le maïs. Du Nicosulfuron, herbicide utilisé, lui aussi, sur le maïs.

Or, peu de gens le savent, mais tout ce maïs n'est absolument pas destiné à la consommation humaine. Le maïs doux, que l'on aime déguster en salade, ne représente que 1 % de la production de notre pays. L'immense majorité du maïs cultivé en France est du maïs « ensilage », c'est-à-dire un maïs récolté avant la maturité des grains, dont on conserve la plante entière, pour la broyer et la stocker. Ce maïs ensilage sert exclusivement à nourrir le bétail.

Aujourd'hui, seuls 2 % des cours d'eau en Loire-Atlantique sont classés en bon état écologique.

Dominique, « L'élevage a détruit les rivières, les sols, l'air »

Je m'appelle Dominique, j'ai 60 ans. J'habite dans une commune rurale en Ille-et-Vilaine, la « terre du lait », comme on l'appelle ici. J'y ai rejoint mon mari, agriculteur, il y a plus de 30 ans.

Moi, je suis née dans le bassin de la Loire. Je viens du monde de la mine. Il a ses défauts, mais il y a de la solidarité, des luttes communes, des cultures syndicales.

Quand j'ai découvert le milieu agricole, j'ai été frappée par le manque de solidarité. Les paysans sont en compétition les uns contre les autres. Chacun lorgne sur la terre du voisin pour la racheter, et s'agrandir.

J'habite en pleine campagne. Autour de moi, dans un rayon de deux ou trois kilomètres, il y a environ 1 000 vaches. Et je n'ai pas compté les poulets. Alors, les petites fermes, je ne sais même pas ce que ça veut dire.

Les problèmes environnementaux que l'élevage pose, il y en a tellement que je n'arrive presque pas à les lister. J'ai l'impression de subir bien plus de pollution qu'à la ville. Ici, tout est pollué : l'eau, les sols, l'air. Ce sont surtout des pollutions diffuses. Quand on voit les grands événements repris dans les médias, avec des milliers de poissons retrouvés morts dans des rivières asphyxiées, au moins ça fait parler. Mais ici c'est quotidien. On pollue partout, tout le temps, à bas bruit.

Déjà, il n'y a pas de contrôles. Les haies par exemple. Les agriculteurs n'ont pas le droit de les tailler du 15 mars au 15 août. C'est pour protéger la biodiversité, pour que les oiseaux aient le temps d'y faire leurs nids et de s'y reproduire. Mais moi, je les vois bien : ils taillent et coupent leurs haies tout l'été. Ils aiment quand tout est carré, rectangle, sous contrôle. Les lois, ils s'en fichent. Ici, les gens ont une devise : « On peut tout faire, sauf se faire prendre. »

C'est pareil pour les problèmes d'épandage. Les exploitations ne respectent pas les normes, et rien n'est jamais contrôlé. Le lisier, il va directement dans le fossé, puis dans les rivières.

Hier, je me suis promenée autour de chez moi. La veille, l'agriculteur avait traité son champ, et au bout du terrain, j'ai retrouvé plein de petites billes blanches. C'est du nitrate d'ammonium. Comme le champ est en pente, les billes vont dans le fossé, et puis directement dans le petit ruisseau en bas de chez nous.

Il y a 30 ans, quand je suis arrivée, j'ai fait analyser l'eau de notre puit. On a trouvé des nitrites dedans. Donc voilà, nous, on boit de cette eau-là. Sur la commune, aucun puit n'est propre à la consommation, on s'empoisonne tout simplement. Et le vrai problème, c'est que toutes ces pollutions s'accumulent. Parce qu'on analyse séparément les nitrates, les taux de phosphore, les métaux… Mais ces pollutions, elles se croisent, se combinent entre elles, s'additionnent. Ce sont de véritables cocktails chimiques.

Et puis, ça ne s'arrête jamais, il y a toujours des nouveautés. C'est comme une course aux idées destructrices. Les méthaniseurs, par exemple, ils poussent comme des champignons par ici, depuis quelques années. Maintenant, j'en ai deux autour de moi.

Au départ, l'idée de la méthanisation, c'était de récupérer les déchets organiques et d'en faire des énergies renouvelables. Ça paraissait une bonne idée. Mais c'est très vite parti dans de mauvaises directions.

Le premier effet pervers, c'est que forcément, les quelques vaches laitières de la région qui étaient en extérieur, on va les enfermer à l'étable. Personne ne va courir derrière elles pour récupérer les bouses. La merde était un problème ? Désormais, elle va voyager en camion dans toute la France.

Mais il y a plus grave. Méthaniser est devenu un objectif en soi. Les agriculteurs, maintenant, ils veulent produire directement pour alimenter les méthaniseurs.

Or, ce qui fermente le mieux, c'est le maïs. Du coup, on en produit encore plus. On appelle ça du « maïs énergétique ». Et pour ça, il y a des aides publiques à la pelle. Résultat, les agriculteurs, aujourd'hui, se font plus d'argent quand ils produisent de l'énergie que de la nourriture…

Du maïs, il y en avait déjà beaucoup dans la région, maintenant il y en a partout. Une partie pour nourrir les animaux enfermés, un autre pour faire de l'énergie. Rien pour l'alimentation humaine. Alors, quand on nous dit que les paysans, ils nous nourrissent et qu'ils nourrissent le monde, personnellement ça me fait rigoler.

Le maïs, c'est une plante tropicale, qui a besoin d'énormément d'eau. Donc on arrose, en permanence, en plein été, en pleine sécheresse, rien que ça, c'est aberrant. Mais il faut aussi le traiter avec du S-métolachlore, une molécule qui va polluer toutes les rivières, comme si elles n'étaient pas déjà assez abîmées.

Franchement, quand on vit à la campagne, le mythe de la petite ferme, les agriculteurs qui respectent la nature et les animaux, on n'y croit pas une seconde.

Ce qui est fou, c'est que pourtant, statistiquement, ils ne sont pas si nombreux ! Dans ma commune, ils représentent moins de 5 % de la population. Mais ce sont eux qui tiennent tous les postes : ils sont conseillers municipaux, maires… On a des dynasties qui sont aux commandes depuis des générations. Et ils font tout pour empêcher les réglementations sur l'environnement. Les agriculteurs ici, ce sont les seigneurs en fait. L'eau, l'écologie, pour eux, c'est rien, ils les balaient d'un revers de main.

Et pourtant, ils sont censés aimer la nature qui les fait vivre. Mais est-ce qu'ils l'observent seulement ? Moi, quand je vais à la rivière, je soulève les pierres, je regarde la petite vie dessous, tout ce qui bouge, qui sert à nourrir les poissons. Et selon la saison agricole, les traitements aux pesticides, je vois bien s'il y en a ou pas. Il n'y a plus la moitié des espèces de poissons qui existaient il y a 50 ans. Ici, on pêchait le brochet, il n'y en a plus. L'anguille c'est pareil, elle a disparu.

Par contre, des lentilles d'eau, il y en a partout. Et ça, ce sont les nitrates, et les petites billes blanches dont je vous parlais, qui les causent.

En fait, c'est presque mathématique : les animaux, plus il y en a dans leurs hangars, moins on en a, nous, dans la nature. Et ça fait mal au cœur.

La liste des conséquences catastrophiques de l'élevage industriel sur l'environnement est sans fin, y compris en France. Il est impossible de la détailler ici de manière exhaustive. Ses multiples effets délétères ont été largement documentés.

Alors je voudrais m'arrêter ici seulement sur deux faits qui m'ont particulièrement marquée, pour une raison simple : ils sont à la fois parfaitement visibles à l'œil nu, et pourtant nous refusons de les voir. Un peu comme la sélection génétique et le broyage des poussins, ils sont à la fois logiques et totalement impensés.

Voilà d'abord le premier fait : les animaux, ça fait de la merde, n'est-ce pas ? Et quand on en élève des millions, voire des milliards, ça fait beaucoup de merde, non ?

De la merde partout

C'est quelque chose qui m'a frappée dans tous les élevages hors-sol que j'ai pu visiter, au Vietnam, en Pologne, en Allemagne ou en France. Armés de balais, de brosses ou de karchers, les éleveurs – ou ouvriers – passent un temps incroyable à nettoyer, évacuer, ramasser les excréments des animaux. Beaucoup plus de temps même qu'à s'occuper des bêtes ou à les nourrir.

Un porc produit de deux à quatre fois plus de déjections qu'un être humain. Ainsi, à eux seuls, les élevages bretons évacuent plus d'excréments que toute la population française. Chaque année, 300 millions de tonnes de déjections animales sont produites dans notre pays, selon l'Institut français de l'environnement. C'est 10 tonnes d'excréments par seconde.

Concernant nos déjections, nous, humains, savons à peu près qu'il existe de gigantesques infrastructures de retraitement de déchets, des milliers d'employés dans des services sanitaires qui travaillent au quotidien sur ce problème. Nous voyons de nos yeux, chez nous, des toilettes, des tuyaux, des canalisations, dont nous devinons qu'ils mènent à des égouts, des stations d'épuration et de filtrage. Nos excréments sont, plus ou moins bien, pris en charge. Mais ceux des animaux d'élevage ? Pour leurs milliers de tonnes d'excréments produits tous les jours, tous les ans ? Qu'est-ce qui est prévu, exactement ?

Cette merde est récupérée, au moins au début du processus, par les éleveurs. Les 96 % de cochons français enfermés en bâtiment passent leurs journées sur des sols en plastique ajourés, c'est-à-dire percés, avec des trous.

L'objectif de ces trous est de récupérer les déjections des porcs, qui tombent ainsi directement dans les fosses situées en dessous des bâtiments. Le mélange de déjections s'écoule ensuite vers des cuves de stockage, des sortes de puits ronds à ciel ouvert : les fosses à lisier. Chaque usine de porc en possède généralement deux, d'une taille d'environ 570 mètres cubes.

Parmi les belles histoires le plus souvent évoquées pour défendre l'élevage, il y a celle du fumier, indispensable à la fertilisation des sols. Ce fumier n'a plus rien à voir avec le lisier actuel, mais comme d'habitude, l'image de la petite ferme traditionnelle est utilisée pour justifier des usages industriels destructeurs.

Dans les fermes anciennes, le fumier, c'est-à-dire le foin mélangé aux excréments d'animaux, servait effectivement d'engrais dans les champs et les potagers. Ce fumier était essentiel pour les cultures. Mélangé au sol, il fournissait des nutriments très importants pour la croissance des plantes : de l'azote, du potassium, du phosphore, du magnésium.

Aujourd'hui, affirment les éleveurs industriels, c'est la même chose : Nous utilisons le lisier pour faire de l'engrais, et nous le répandons, par épandage, dans les champs, pour faire pousser nos légumes. Nous répétons les gestes de nos ancêtres paysans.

Sauf que les données ne sont plus du tout les mêmes. Les quantités actuelles d'animaux élevés et donc d'excréments à écouler ne peuvent pas être absorbés par les sols des exploitations industrielles, qui par définition sont intensives en animaux et n'ont que peu de surfaces sur leurs terres pour épandre leurs lisiers.

Car la spécialisation de l'agriculture a débouché sur une absurdité : les principales cultures ne sont plus produites là où les animaux engraissent. Tandis que la Bretagne étouffe sous la merde de son bétail, la Beauce, elle, s'empoisonne à coups d'engrais chimiques et de pesticides pour faire pousser son blé.

En France, sur les 300 millions de tonnes de déjections produites chaque année, la moitié est épandue dans les champs. Comme le fumier, le lisier contient lui aussi de grandes quantités d'azote. Les plantes ne peuvent pas tout absorber. Alors, une fois répandu dans la nature, l'azote se propage partout ailleurs : dans les airs, notamment sous forme d'ammoniac, ou dans les eaux, sous forme de nitrates.

Arrêtons-nous un instant sur les cours d'eau. C'est assez logique : les nitrates dopent la croissance des plantes de culture, mais pas seulement : ils fertilisent toutes les plantes, sans exception. Dans les rivières et sur les littoraux, les nitrates favorisent donc la prolifération des algues, qui appauvrissent les milieux en oxygène. Les écosystèmes s'asphyxient, et les animaux y meurent.

C'est le cas en Bretagne, avec le phénomène désormais bien connu des algues vertes, mis en lumière par le travail de la journaliste Inès Léraud. Dopées par ce phénomène d'eutrophisation, les algues vertes prolifèrent sur les plages normandes et bretonnes. Toxiques pour la santé humaine, elles détruisent la faune littorale.

Signalons-le en passant : Inès Léraud, pour avoir mis en lumière le scandale des algues vertes et la responsabilité des élevages bretons dans cette catastrophe écologique, est victime de nombreuses poursuites judiciaires, messages menaçants, surveillance téléphonique, et intimidations diverses.

Elle est, comme tous les journalistes enquêtant sur l'agro-industrie française, sous pression permanente. Les jolis contes de fées n'admettent pas de récits concurrents.

Nourriture des animaux et déforestation

Un autre fait tout aussi évident. Un animal est un être vivant. Comme nous, il produit des excréments. Et comme nous, il se nourrit plusieurs fois par jour. Alors que mangent ces quantités incroyables d'animaux élevés en France ?

La réponse la plus simple : de l'herbe. Le bétail broute dans de verts pâturages, ces belles prairies françaises que nous voyons par la fenêtre du train.

Pourtant, on le sait bien : les millions de porcs et de poulets que nous élevons dans des bâtiments, eux, ne se nourrissent pas d'herbe. Alors que mangent-ils ? Des graines. Des céréales. Du maïs. Et des tourteaux de soja, le résidu solide obtenu après l'extraction de l'huile de la graine de soja. C'est une source de protéines majeure dans l'alimentation animale.

Tous ces produits, que la France importe en grande quantité de l'étranger, détruisent des écosystèmes entiers dans le monde.

Dans l'Union européenne, 90 % du soja consommé par les animaux d'élevage vient d'ailleurs. En France, 3,2 millions de tonnes de tourteaux de soja ont été importées en 2020.

Or, la production de soja est la principale cause de déforestation en Amérique du Sud. Et elle s'accélère, d'année en année.

Tous les ans, 10 000 kilomètres carrés de forêt disparaissent au Brésil. Des forêts entières sont détruites, à grande échelle, pour dégager la place nécessaire à l'installation de vastes champs de soja, cultivés à base de variétés OGM, et à grand renfort de pesticides et d'herbicides, pour la plupart interdits sur notre territoire.

L'espace que l'on utilise pour fabriquer de la nourriture pour nos animaux est difficile à imaginer. En plus de ces surfaces importées (les terres utilisées hors de l'Europe pour produire du soja), les deux tiers des terres européennes sont destinées, directement ou indirectement, à nourrir du bétail.

En France, environ trois quarts de la surface agricole, incluant les prairies, sont consacrés à l'alimentation animale, donc à l'élevage.

Il est vrai que certaines de ces terres ne sont pas cultivables pour produire de la nourriture pour les humains, comme les prairies de montagne par exemple. Mais si on ne se penche que sur les terres arables – c'est-à-dire cultivables – les chiffres restent très impressionnants : 40 % d'entre elles sont utilisées pour produire l'alimentation des animaux d'élevage. C'est un gaspillage d'espace insensé, quand on sait qu'il faut 7 kilos de céréales pour produire un kilo de viande de bœuf, 6 kilos pour un kilo de poulet, 4 kilos pour obtenir un kilo de porc.

Comme souvent, vous l'avez compris, l'argument de « la vache broutant dans le pré » survient rapidement. Elle, au moins, se dit-on, ne participe pas à la déforestation mondiale ? Hélas, si. Car pour l'immense majorité de ces bovins qui pâturent, l'herbe n'est pas leur seule nourriture.

Une vache, c'est gros, et ça mange beaucoup. Entre 40 et 70 kilos de nourriture par jour. Notre fameuse Prim'Holstein, par exemple, ne peut pas se nourrir uniquement dans les prés. Cette machine à produire du lait a besoin de beaucoup d'énergie, et d'une nourriture très protéinée. En moyenne, la ration annuelle d'une vache laitière française se compose de 40 % d'herbe, de 35 % de maïs et de 20 % de tourteaux oléagineux, là encore le plus souvent importés du Brésil. Les bovins, même en pâturage, participent à la déforestation. L'alimentation de nos animaux pose un problème majeur.

Les bovins, bombe climatique

On le sait aujourd'hui, la déforestation massive est une cause majeure du dérèglement climatique. Les forêts sont en effet d'incroyables réservoirs de carbone. À l'échelle planétaire, elles absorbent chaque année 9 milliards de tonnes de CO_2, soit près de 20 % des émissions mondiales de gaz à effet de serre. Les conséquences de la déforestation sur le climat sont donc très lourdes, et l'élevage français, comme les autres, y contribue massivement, par le biais de l'alimentation animale.

Mais l'élevage pose un autre problème climatique, plus direct, en émettant lui-même des gaz à effet de serre, et notamment du méthane.

En France, l'agriculture est responsable de 18 % des émanations de CO_2 du pays. L'élevage représente 59 % de ces émissions. La principale source de gaz à effet de serre, en élevage, est le méthane. C'est un gaz extrêmement nocif pour le climat. Sa durée de vie dans l'atmosphère est certes moins longue, mais il a un potentiel de réchauffement 25 fois plus élevé que le CO_2, à quantité égale.

D'où viennent ces émanations de méthane ? Cette fois, pas du système de production, qui, on l'a vu, émet du CO_2 (*via* l'usage d'énergies fossiles et d'engrais) et d'autres types de pollutions. Mais bien des vaches elles-mêmes. De tous les ruminants d'ailleurs.

Ils ont en effet un système digestif très particulier, qui leur permet de transformer l'herbe en ressource nutritive, ce que les humains ne peuvent pas faire. Pour cela, les vaches, moutons, chèvres, possèdent quatre chambres distinctes dans leur estomac, à l'aide desquelles ils avalent, régurgitent, remâchent, transforment.

Au cours de ce processus, les aliments qu'ils ont ingérés fermentent. Et c'est cette fermentation qui produit le méthane. Le gaz est ensuite évacué par des rots ou des pets.

Une vache laitière, en période de lactation, génère environ 400 grammes de méthane par jour. C'est loin d'être anecdotique : en un an, une vache laitière produit l'équivalent des émissions de CO2 d'une voiture qui parcourt 20 000 kilomètres.

Il ne reste plus qu'à multiplier ce chiffre par 17 millions, le nombre de bovins élevés en France. En 2018, l'élevage bovin français a émis 52 millions de tonnes d'équivalent CO2. Bref, l'élevage bovin est désastreux pour le climat.

Et c'est là que revient, une fois de plus, notre petite vache dans les prés, trompeuse héroïne de notre histoire depuis le début. Et avec elle, une très mauvaise nouvelle. Car en ce qui concerne les émissions de gaz à effet de serre, que l'élevage de bovins soit intensif ou en plein air ne change pas grand-chose. Les deux systèmes sont tout aussi délétères pour le climat.

Ils ne sont certes pas équivalents en termes de souffrance animale, d'utilisation de pesticides ou de conditions de travail des éleveurs. Mais sur ce point précis des émanations de méthane, ils se valent.

Paradoxalement, le bilan est peut-être pire en élevage extensif, en plein air. Pourquoi ? Parce qu'en pâturage, les bêtes, moins sélectionnées, moins gavées de protéines, mettent plus de temps à grandir et à atteindre leur poids d'abattage ou leur production maximale de lait, que celles élevées en système industriel. Pour une même quantité de viande ou de lait, elles émettent donc plus de gaz à effet de serre.

Des études ont été menées aux États-Unis pour comparer les « feed lots », ces immenses centres d'engraissement de bétail, et les élevages en pâturages. C'est contre-intuitif, mais c'est comme cela : l'empreinte carbone est plus élevée dans un système d'alimentation à l'herbe.

En France, où l'élevage des bovins se fait en grande partie en extérieur, l'industrie de la viande et du lait répète en boucle le même argument pour se défendre : celle des « prairies qui sont des puits de carbone ». D'après elle, les émanations de méthane des vaches seraient largement compensées par les prairies pâturées, qui fixent le carbone. L'herbe des prairies utilise en effet le CO2 pour pousser : le carbone s'accumule dans les tissus végétaux, puis dans le sol sous forme de matière organique quand les plantes meurent.

Mais en réalité, toutes les études scientifiques le disent : les pâturages les mieux gérés ne compensent pas les émanations de méthane des bovins eux-mêmes.

C'est ce qu'a dit publiquement en 2023 la Cour des comptes. À première vue, cette respectable institution française n'a pas de lien évident avec l'élevage. Mais elle a été créée, sous Napoléon Ier, pour s'assurer du bon emploi de l'argent public. Or, de l'argent public, l'élevage bovin en reçoit beaucoup. C'est l'activité agricole la plus subventionnée en France, avec environ 4 milliards d'euros chaque année.

La Cour des comptes a donc enquêté pour savoir si tout cet argent servait vraiment l'intérêt général. Elle a publié un long rapport sur le sujet. C'est écrit noir sur blanc : au niveau environnemental, les comptes n'y sont pas.

« *Malgré certains effets de réduction des émissions de gaz à effet de serre, comme le stockage de carbone dans le sol des prairies permanentes, les émissions de gaz à effet de serre restent globalement toujours très importantes, principalement en raison du méthane produit lors de la digestion des animaux. L'élevage bovin est ainsi responsable en France de 11,8 % des émissions d'équivalents CO2, comparables à celles des bâtiments résidentiels du pays.* »

Sur la question de la compensation des prairies, la Cour des comptes s'est livrée à des calculs très précis : « *Le stockage de carbone dans les prairies représente une portion comprise entre 6 % et 45 % des émissions de la vache elle-même présente sur cette prairie.* »

Dans le meilleur des cas, seule une partie des émissions de gaz à effet de serre peut être compensée. Mais jamais l'intégralité. La conclusion de la Cour des comptes est sans ambiguïté : « *Le bilan de la disparition d'une vache est donc largement positif du point de vue des gaz à effet de serre* ». Le rapport préconise enfin d'arriver, progressivement, à « *la nécessaire réduction du cheptel bovin* ».

On l'imagine, cette publication du rapport de la Cour des comptes a créé un scandale. L'institution s'est fait étriller par tous les acteurs soutenant la filière de l'élevage. Patrons, élus majoritairement de droite, FNSEA, Interbev, tout le monde lui est tombé dessus.

« *Mais de quoi se mêle la Cour des comptes ? Leur rôle n'est pas de dicter aux Français leur mode d'alimentation ni de prescrire la taille de nos élevages. Pourquoi tant d'acharnement contre la filière de l'élevage ?* », a déploré le député LR Xavier Breton à l'Assemblée nationale. Marc Fesneau, alors ministre de l'Agriculture, s'est joint au chœur des plaintes, soudain peu confiant dans les institutions républicaines. « *On ne peut,* s'est-il écrié, *avancer en stigmatisant et en donnant pour seule perspective à toute une profession la vindicte populaire et la disparition.* »

Pourtant, il faudra bien l'admettre. Le mythe des verts pâturages devra faire face, un jour ou l'autre, qu'il le veuille ou non, à la réalité du dérèglement climatique.

La fuite en avant : augmentation de la consommation de viande en France

Malgré le désastre écologique, malgré toutes les recommandations scientifiques et sanitaires possibles, la consommation de viande continue d'augmenter ces dernières années en France.

Comment est-ce possible ? Dans les sondages, un Français sur deux déclare avoir réduit sa consommation de viande. En 2021, entre un tiers et trois quarts des Français déclarent être prêts à la réduire encore. 49 % des ménages français disent compter au moins une personne se déclarant « flexitarienne ». Les mots changent, les idées évoluent, mais le contenu de notre assiette, lui, est toujours le même.

Après une augmentation incroyablement soutenue dans les années 1970 et 1980, la France a certes connu quelques années de baisse de sa consommation de viande (moins 11 %) entre 1990 et 2013. Cela s'explique notamment par l'accumulation de crises sanitaires et de scandales, comme les veaux aux hormones, la vache folle, la peste porcine et les épidémies de grippes aviaires.

Mais depuis dix ans, la consommation de viande augmente de nouveau (plus 3 % entre 2013 et 2022), portée essentiellement par l'appétit pour la volaille : plus 16,2 % en consommation individuelle depuis 2013.

Reste un mystère. Comment expliquer cette différence entre les sondages de Français affirmant consommer moins et les statistiques réelles ? D'où vient cet écart si grand de perception ?

Une des raisons principales est la « consommation cachée » de viande.

Les Français mangent moins de pièces de boucherie, moins de viande « entière », moins de produits bruts : poulet familial, entrecôtes gigantesques au restaurant, charcuteries. Mais ils consomment toujours plus de plats préparés en extérieur (notamment des burgers) et de plus en plus de produits transformés.

Or, ces aliments-là : pizzas, sandwichs, cordons-bleus, nuggets, sauces bolognaises contiennent toujours plus de viande. La quantité de viande dans les plats préparés a augmenté de 10 % ces dix dernières années. Et c'est notamment vrai pour la volaille, glissée en petits bouts dans tous les plats et salades, nuggets et autres mélanges des fast-foods.

Dans les supermarchés, idem : plus de 90 % des plats et produits proposés contiennent de la viande, dans des quantités toujours plus importantes. Sans mesures politiques fortes, sans régulation et sans un changement profond de l'offre alimentaire, l'envie et la bonne volonté des consommateurs ne pourront pas suffire.

Retour en Asie : l'exportation de notre modèle

Dans le monde, l'augmentation de la consommation de viande est encore plus forte. Et cette fois, il ne s'agit pas de viande cachée.

Selon les dernières prévisions de la FAO, la consommation mondiale de viande devrait progresser de 15 % d'ici à 2031, une hausse pour les trois quarts due aux pays en développement.

L'Asie est en première ligne. L'ensemble du continent, malgré des traditions culinaires le plus souvent végétariennes, s'engage à toute allure vers une alimentation carnée, occidentale.

Là-bas, comme chez nous, cela n'a pas été vraiment un choix fait en conscience par des consommateurs éclairés, mais plutôt une décision venue d'en haut, organisée par les pouvoirs publics et quelques industries qui y trouvent leur compte.

Les Vietnamiens, les Indiens, les Chinois n'ont pas décidé collectivement de quadrupler leur consommation de viande en moins de 20 ans, pas plus qu'ils n'ont choisi de se faire envahir par des boutiques Gap et H&M, des SUV, des plateformes Amazon.

Le modèle occidental, fondé sur la surconsommation y est pour beaucoup. Ravageur, il s'exporte de mille manières. Il y a ce qu'on appelle le « soft power » : la puissance des idées, des modes, des images véhiculées par les films et les réseaux sociaux. Mais il y a aussi les stratégies des entreprises agroalimentaires, industrie de la viande en tête, qui sillonnent et labourent le monde en profondeur pour trouver de nouveaux marchés et de nouveaux débouchés à leurs produits. Les politiques, comme d'habitude, leur font la courte échelle. Particulièrement en France.

Envolons-nous pour l'Asie un court instant, avec le président de la République. Nous sommes au mois d'avril 2023. Emmanuel Macron part en Chine pour une visite d'État de quelques jours. Il n'y est pas venu depuis quatre ans. Au menu, bien sûr, de la diplomatie, de la géopolitique. Les enjeux ne manquent pas. Taïwan, l'Ukraine. Partout, le monde est en guerre. Les grandes puissances se réarment toutes.

Dans l'avion du Président, d'autres sujets semblent compter tout autant. L'ensemble des patrons des principales entreprises agroalimentaires françaises est là. Maxence Bigard, l'héritier du groupe Bigard, si mutique quand il s'agit de rendre des comptes devant les députés de l'Assemblée nationale, semble tout prêt à profiter des moyens de la République quand il s'agit de gagner des marchés. Il y a aussi Antoine de Saint-Affrique, le PDG de Danone (premier groupe agroalimentaire français, essentiellement dans les produits laitiers), Emmanuel

Commault, PDG de Cooperl, (industrie porcine), Olivier Delamea, directeur général du groupe Savencia (industrie agroalimentaire, notamment produits laitiers), Jean-François Loiseau, président d'Axereal (céréales et élevage). Thierry Meyer, le président d'Inaporc, est aussi du voyage.

Tous entourent Marc Fesneau, le ministre de l'Agriculture. C'est un soutien fidèle de l'industrie de la viande. Un allié sûr, qui ne s'en cache pas. L'homme, qui se présente comme « *ayant découvert la nature par le biais de la chasse* », le répète dès qu'il le peut : « *L'élevage industriel n'existe pas en France.* »

Mais alors, que va-t-il vendre en Chine ? Des conseils de grand-mère pour gérer une petite ferme familiale ? Des astuces pour ramasser les œufs des poules dans la paille ?

Marc Fesneau nie l'existence d'un système industriel français, mais il voyage partout à travers le monde pour l'exporter. À Pékin, Oulan-Bator, Brasilia, le ministre de l'Agriculture négocie des agréments, fait lever des barrières douanières pour exporter de la viande ou des animaux vivants. Il soutient la vente d'équipements, de matériel, de semences, de génétique animale. Visiblement, l'objectif des agriculteurs français n'est pas simplement de nourrir notre pays ou l'Europe… Il faut aussi nourrir les Chinois, l'Asie, le monde entier.

Le voyage à Pékin s'est remarquablement bien passé. Concernant la paix dans le monde, rien de neuf, mais quelques jours plus tard, le ministère de l'Agriculture sort un communiqué triomphal. « *Des avancées majeures ont été obtenues en termes d'accès au marché qui permettront aux entreprises françaises de développer leurs exportations et de profiter des immenses potentialités qu'offre le marché chinois. Ainsi, 15 entreprises supplémentaires du secteur porcin (8 entreprises de la charcuterie, 7 abattoirs porcins) ont obtenu leur agrément pour pouvoir exporter en Chine.* »

Inaporc diffuse dans le même temps un communiqué rayonnant : « *La Chine est le premier marché du monde. Ces agréments offrent la possibilité de valoriser 10 % de tonnage supplémentaire. Cette opportunité est très importante pour les entreprises concernées.* »

Nous exportons notre modèle industriel partout où cela est possible. Et nous nous offrons même le luxe de juger moralement ceux qui suivent notre chemin.

Vous avez sûrement vues sur les chaînes d'informations, dans les journaux télévisés, ces images venues de Chine : de gigantesques immeubles modernes remplis de porcs, hauts parfois de 26 étages.

« *600 000 cochons y sont enfermés, vous vous rendez compte ? Il y en a 25 000 à chaque étage, et il y a même des ascenseurs pour les transporter.* » Les commentaires sont légèrement écœurés. En plateau, chacun s'indigne ou ironise. Pourtant, toutes les entreprises européennes, allemandes, françaises sont en embuscade pour participer au développement de cette industrie en Asie. À l'intérieur de ces immenses usines chinoises, les équipements sont essentiellement américains et européens. Ces immeubles de 26 étages, c'est nous, Occidentaux, qui les avons construits.

La jouissance de détruire

Que nous promet l'avenir de l'élevage industriel en France ? Une accélération. De nouvelles technologies et des inventions plus folles encore que celles que nous avons créées après la Seconde Guerre mondiale. Plus destructrices que les pesticides, le hors-sol ou la sélection génétique.

Là encore, des récits les accompagnent. Des mots nouveaux, que nous intégrons sans réfléchir dans notre vocabulaire. Ils modèlent nos discours et nos pensées, en se présentant comme des évidences.

La biosécurité partout

Le premier d'entre eux est la « biosécurité ». Un mythe dont la fonction est noble, bien sûr, puisqu'il s'agit de nous protéger. Et qui conduit à enfermer les animaux, toujours un peu plus.

« *La biosécurité désigne les mesures qui doivent être prises pour minimiser le risque d'introduction de virus dans les unités de production agricole* », explique la FAO, l'Organisation des Nations unies pour l'alimentation et l'agriculture, dès la fin des années 1990.

Clôtures, bâtiments, désinfections et sas sanitaires : pour appliquer ces mesures, les fermes doivent isoler les animaux au maximum, les confiner en permanence. Or, et c'est assez logique, « *les unités de production de grande taille peuvent être physiquement isolées et peuvent mettre en place des barrières de protection efficaces* », précise la FAO. Les grandes fermes industrielles sont donc présentées comme la solution la plus efficace face aux maladies. Plus on est grand, plus on est apte à se protéger.

En Asie, entre les zones de jungles, qui abritent des animaux sauvages susceptibles de véhiculer des virus, et les villes particulièrement denses, la biosécurité est devenue le mot magique, celui qui permet tout. Et essentiellement aux méga-usines de proliférer.

C'est ce que j'ai pu constater de mes yeux au Vietnam, derrière ces hauts murs où des ouvriers travaillent deux mois éloignés de leurs familles, et de tout contact humain. Là encore, l'idée est de lutter contre la nature, la dominer, s'en éloigner. Tout ce qui n'est pas industriel est désormais perçu comme une menace vitale.

Il s'agit bien sûr d'une aberration. En réalité, l'augmentation des maladies virales dans le monde est liée à l'intensification industrielle des élevages de porcs et de volailles. Ce sont les élevages industriels eux-mêmes, qui sont les premiers lieux de multiplication de maladies, de bactéries, de virus.

Certes, la faune sauvage est une source indirecte de pathogènes. Mais ce sont bien les élevages industriels qui jouent un rôle décisif dans la virulence des virus, et leur contagiosité pour les humains.

Pour des raisons évidentes : le nombre gigantesque d'animaux réunis, leur uniformité génétique, l'affaiblissement de leur système immunitaire augmentent le risque

que des maladies se propagent, mutent et soient ensuite transmises aux humains.

La journaliste Lucile Leclair, autrice du livre *Pandémies, une production industrielle,* l'explique très bien : « *La biosécurité est à la fois un remède et un poison. Elle semble rassurante, mais elle aboutit à faire toujours plus de règles, pour des élevages toujours plus dangereux. Ce répertoire de normes pousse à industrialiser les fermes, il revient à imposer le hors-sol. Mais qu'est-ce qui est le plus risqué : 35 000 poulets immunodéprimés exportés sur tous les continents, ou une ferme de 50 poulets qui vend ses animaux sur 50 kilomètres ?* »

La biosécurité prétend nous protéger de zoonoses, ces maladies transmissibles des animaux vertébrés à l'homme, pourtant véhiculées par l'élevage industriel. C'est un peu la même logique que lorsque l'on coupe la queue des cochons pour les préserver des agressions que provoque la vie en hors-sol. Au nom de la santé, on aggrave un risque sanitaire.

En France, le terme « biosécurité » est apparu dans la loi en 2016. On impose alors aux éleveurs de volaille de « mettre en place un plan de biosécurité » pour éviter les grippes aviaires.

Dans le cas des élevages de porcs, c'est le risque de transmission de la peste porcine africaine qui est invoqué, car quelques cas ont été repérés chez des sangliers en Belgique et en Europe de l'Est. Pourtant une étude de l'Autorité européenne de sécurité des aliments montre que les contaminations ne sont causées par des sangliers que dans 1,4 % des cas, contre 73 % par des facteurs humains, notamment au cours de transport d'animaux…

Mais peu importe. Depuis 2021, pour empêcher tout contact avec les sangliers, la réglementation impose aux très rares éleveurs en plein air d'encercler d'un mur ou d'une double clôture électrifiée les prairies où vivent leurs porcs. Des constructions coûteuses, inaccessibles aux petits élevages, qui les menacent donc directement.

De même, la biosécurité est en train de sonner le glas du plein air pour les volailles en France. Chaque année, la menace de grippe aviaire conduit le gouvernement à décider de mesures de « dépeuplement » – comprenez d'abattage – de millions d'oiseaux, mais surtout à ordonner la claustration de tous les élevages en plein air, afin d'éviter leur contamination par des oiseaux sauvages. Sont ainsi montrés du doigt comme principaux fauteurs de troubles : la faune sauvage et les élevages en plein air.

Pourtant, le premier cas français de grippe aviaire, à l'automne 2021, est apparu dans un élevage de 160 000 poules, sans aucun accès à l'extérieur. Les virus circulent, de fait, entre oiseaux migrateurs et volailles domestiques, mais les études montrent que les mutations dangereuses, elles, se font à l'intérieur des structures industrielles en surdensité.

Les faits, encore une fois, ne pèsent pas lourd, quand il s'agit de défendre l'élevage industriel, et d'étouffer les quelques modèles alternatifs qui tentent de voir le jour.

Financiarisation

Et voici la touche finale, peut-être, à cette accélération sans fin : la financiarisation des terres agricoles. C'est un processus en cours, passé inaperçu, et pourtant essentiel, qu'a révélé l'association Terre de Liens en 2023. Elle publie une enquête approfondie sur la propriété des terres agricoles en France, la première depuis plus de 30 ans.

C'est une question intéressante : à qui appartient la terre en France ? L'étude permet de déconstruire encore quelques clichés. Contrairement à l'image d'Épinal de l'agriculteur propriétaire de ses terres, on apprend que la plupart des exploitants agricoles sont en fait locataires.

Grâce au droit de fermage, et aux réformes mises en place à la Libération, ils ont des droits d'usage importants sur les terres qu'ils travaillent, et sont très difficilement délogeables. Mais ce sont bien les propriétaires qui peuvent prendre les décisions les plus importantes : à qui vendre, louer, et dans quelles conditions.

Aujourd'hui, l'immense majorité des terres agricoles est dans les mains de 4 millions de petits propriétaires privés. Or ces petits propriétaires sont plutôt âgés. La moitié d'entre eux ont plus de 65 ans. Ce sont donc 13 millions d'hectares qui pourraient changer de main dans les dix prochaines années, dans une période où de nombreux agriculteurs, âgés, vont également partir à la retraite.

C'est là que de tout nouveaux acteurs surgissent, depuis moins de 20 ans, et qui pourraient tout bouleverser. Les

« sociétés agricoles », dont certaines sont financiarisées – multinationales, entreprises agroalimentaires, fonds d'investissement, banques et autres acteurs financiers –, mettent la main sur des terres immenses, et de manière peu transparente.

En achetant simplement des parts d'autres sociétés agricoles, elles sont invisibles et non contrôlées. Ces entreprises déstructurent profondément le marché agricole, font grimper les prix, et empêchent des agriculteurs plus vertueux de s'installer. Elles accélèrent la concentration des terres et la disparition des fermes.

Il ne s'agit pas d'un scénario fantasmé. Le mouvement est en cours. Dans un contexte de crises géopolitiques et climatiques à répétition, de nombreux grands groupes privés veulent sécuriser leurs approvisionnements en matières premières. Certaines de ces sociétés ont déjà mis la main sur 10 % des exploitations agricoles en France. Une ferme sur dix appartient à des sociétés à capitaux ouverts, donc ouverte aux investisseurs non exploitants.

L'enquête de Terre de Liens donne des exemples concrets. Dans les Bouches-du-Rhône, Euricom, premier groupe européen dans le négoce du riz, possède 1 300 hectares de culture de riz. Auchan, fleuron de la grande distribution, est aujourd'hui propriétaire de plus de 800 hectares de terres agricoles. L'entreprise achète ces terres par le biais de sa foncière Ceetrus France, dans le but d'approvisionner directement ses magasins.

Côté élevage, les projets fleurissent aussi. Dans la Haute-Vienne, la société T'Rhéa (900 employés, 61 sociétés filiales et 12 sites industriels) a décidé de racheter 600 hectares de terres pour élever et engraisser 2 000 bovins chaque année, essentiellement pour les exporter en Italie et en Grèce. La société T'Rhéa sera le propriétaire de tous les sites exploités.

Des fermes Auchan, des élevages Fleury-Michon, des champs Chanel ou L'Oréal. Une nouvelle marche est gravie sur l'échelle de l'intégration dans l'industrie agroalimentaire.

La concentration se poursuit, détruisant toujours plus nos sociétés et nos paysages. Le remembrement serait de l'histoire ancienne ? Loin de là. 70 % de nos haies ont certes disparu au cours des années 1950. Mais, contrairement à ce qu'on imagine, le mouvement a repris de plus belle aujourd'hui, et poursuit son accélération. Depuis 2017, 25 000 kilomètres de haies sont détruites chaque année, du fait de l'agrandissement sans fin des exploitations agricoles.

C'est une agriculture de firme, une agriculture sans paysans qui est en train de voir le jour. Sous la coupe de ces sociétés privées, la production agricole y sera réalisée par des salariés, des ouvriers prestataires, sans aucune histoire personnelle les reliant à la terre.

Les décisions seront prises loin des territoires, dans des systèmes toujours plus standardisés, simplifiés. La question de la rémunération des investisseurs, de la recherche du profit, de la baisse des coûts de production va devenir, si c'est possible, encore plus centrale, et sur des surfaces de taille jusque-là inimaginables. Étape finale d'une industrialisation qui est en train d'atteindre tous ses objectifs. Les sols, les animaux, le vivant seront, encore une fois, les grands sacrifiés.

Relèvement des seuils des élevages

Que dire encore ? Le 10 juin 2024, quelques heures après les résultats des élections européennes et la dissolution de l'Assemblée nationale, un décret a été publié. Dans le bruit et la tourmente générale, il est passé inaperçu. Pourtant, le texte facilite davantage l'installation d'élevages gigantesques sur notre territoire.

Sa principale mesure consiste à relever les seuils à partir desquels une installation est obligée de passer par une évaluation environnementale.

Jusque-là, toute nouvelle installation de plus de 40 000 volailles ou de plus de 2 000 porcs devait se soumettre à cette procédure. L'évaluation environnementale prévoit, entre autres, de réaliser l'inventaire de la faune et de la flore sur les lieux envisagés, d'évaluer les conséquences de la nouvelle activité sur son environnement direct, et de lister les mesures pour faire face aux éventuels problèmes. En cas d'impact trop important sur l'environnement, le projet est refusé.

Le gouvernement a tout simplement décidé de doubler les seuils prévus concernant les volailles. Désormais, en dessous de 85 000 poulets, il n'y aura pas besoin d'évaluation environnementale systématique. Le seuil passe également de 2 000 à 3 000 porcs, de 750 à 900 pour les truies.

En dessous de ces seuils, une évaluation reste possible, mais elle sera désormais décidée au cas par cas. C'est le préfet, désigné par le gouvernement, qui dira si elle doit avoir lieu. Autrement dit, il n'y en aura probablement pas.

Ce texte avait fait pourtant l'objet d'une consultation publique au début de l'année. Il avait recueilli 99,87 % d'avis négatifs. Il va également à l'encontre de tous les avis scientifiques.

« *Notre troisième révolution agricole,* avait promis Emmanuel Macron deux ans auparavant, *sera numérique, robotique, génétique !* » Alors que nous devrions ralentir de toutes nos forces, appuyer sur le frein des deux pieds, nous accélérons, autant que possible. Nous fonçons, droit dans un mur qui se dresse devant nous tout aussi rapidement. L'industrialisation de l'élevage poursuit sa route avec frénésie, et aucune des directions qu'elle emprunte ne va dans le bon sens.

Rien ne change, si ce n'est le monde qui nous entoure. Le sol qui nous nourrit, les saisons qui rythment les cultures, l'eau qui les fait grandir, l'air que nous respirons.

Ce même mois de février 2024, pendant que les agriculteurs manifestaient, les cerisiers ont fleuri avec deux mois d'avance. Cette année, les Français ont pu déjeuner dehors à toutes les saisons : il a fait 35 degrés au mois de septembre, 25 degrés à Noël, 30 degrés en avril.

Après 2023, 2024 est l'année la plus chaude de l'histoire. Sécheresses, épisodes de grêle, pluies diluviennes, les calamités agricoles s'enchaînent. L'accélération de la crise climatique est visible à l'œil nu. Notre incapacité à voir le sol qui s'ouvre sous nos pieds, à comprendre ce qui se passe, et donc à y répondre, semble totale.

Il y a dans notre relation à la terre, au vivant, à la catastrophe qui arrive, à la rationalité même, quelque chose de « *la jouissance de détruire* », décrite par le philosophe Pierre-Henri Castel dans son essai *Le mal qui vient, Essai hâtif sur la fin des temps*. La certitude de notre anéantissement semble telle que la seule jouissance, mortifère, qui reste aux hommes est celle de la destruction.

Planète poulet : ce qu'il restera de nous

Une histoire, parue dans la presse en 2021, m'a beaucoup marquée. C'est celle de Carys Bennett, anthropologue, paléontologue et géologue britannique.

Son travail, c'est de fouiller les sols, à la recherche des traces de notre histoire. Avant elle, des générations d'archéologues ont creusé la terre, et découvert des amphores, des bateaux, des bijoux ou d'anciens tombeaux, qui permettent de mieux comprendre les sociétés anciennes.

Aujourd'hui, quand Carys Bennett creuse, elle trouve avant tout des ossements de poulets. Et bientôt, explique-t-elle, les archéologues ne trouveront plus que cela. Quand ils viendront fouiller les vestiges de notre civilisation, les chercheurs du futur trouveront du plastique et du béton, mais surtout, des quantités massives d'os de poulets. Des milliards et des milliards de carcasses de poulets, en couches et sous-couches, sur tous les continents, partout dans le monde.

C'est ce que raconte la chercheuse quand elle signe, en avril 2018, une étude publiée par la très sérieuse Royal Society Open Science. Son titre : « *The broiler chicken as a signal of a human reconfigured biosphere* » (« *Le poulet, marqueur de l'anthropocène* »).

Pour Carys Bennett et ses coauteurs, le poulet de chair contemporain est l'un des principaux marqueurs de « l'anthropocène », un terme désignant la période qui a débuté lorsque les activités humaines ont modifié à jamais l'ensemble de la planète. « *Au rythme de 65 milliards de poulets consommés chaque année, les os s'accumulent et forment progressivement le principal témoignage sur notre époque que nous laissons aux générations futures* », explique la chercheuse.

Ces poulets sont un marqueur du changement anthropologique qui s'est déroulé sur la Terre, à cause de leur nombre hors du commun.

Les poulets sont aujourd'hui plus nombreux que l'ensemble des animaux sauvages. À tout instant, il existe sur la surface de la terre 23 milliards de poulets, destinés à être mangés puis remplacés. 23 milliards.

Leur masse est plus importante que celle de tous les autres oiseaux du monde confondus : plus que tous les pigeons, moineaux, mouettes, tourterelles, hirondelles, étourneaux mais aussi flamants roses, toucans, colibris et perroquets réunis.

« *Nous, les humains, avons changé le visage du vivant sur terre.* » Si cet article de Carys Bennett m'a tellement marquée, c'est qu'il montre, en une image, les ordres de grandeur de l'élevage industriel. Il ne s'agit pas d'un petit problème, d'un simple objet de débat public, au même titre que l'école privée, ou la place des voitures en ville. C'est un sujet qui relève de l'infiniment grand, de l'histoire de l'humanité entière, de la trace que nous allons laisser pour les siècles, les millénaires à venir.

Si l'on observe tous les mammifères vivants sur terre, seuls 4 % sont des animaux sauvages (sangliers, marmottes, singes, lions et rhinocéros confondus) et leur nombre est en constant effondrement. Les 96 % de mammifères restants sont les êtres humains et leur bétail, essentiellement des porcs et des poulets. Qui peut comprendre de tels chiffres ? Comment les appréhender ?

L'élevage industriel nous révèle à nous-mêmes. Nous sommes la seule espèce capable de bouleverser, et de détruire de façon irrémédiable, l'écosystème qui nous fait vivre.

Chapitre 9
Le réveil

Des politiques publiques pour sortir de l'élevage intensif

Je vous l'ai raconté, Edgard Pisani, le ministre de l'Agriculture qui a transformé la France, s'est réveillé, un beau jour de 2004. Il a regardé derrière lui, et il a constaté que le chemin qu'il avait lui-même tracé dans les années 1960 n'était pas le bon.

« *J'ai été productiviste, hier* », écrit-il alors dans ses Mémoires. Son livre se termine sur ces mots : « *La vie, la société ont besoin de la science et du marché, mais ne peuvent se soumettre à leur dynamique complice. Comment instaurer un modérateur, un médiateur, sinon en réinventant le Politique ? Il n'est pas d'autre voie, car l'histoire n'est pas à sa fin.* » Ce que le politique a mis en place, le politique peut et doit le défaire. Ce que nous dit l'ancien ministre, c'est que ce système industriel est le fruit d'un choix collectif, et que nous pouvons donc en changer.

Comment faire ? Il suffit d'imaginer Edgard Pisani de nouveau aux manettes. Avec la même envie, le même volontarisme, le même sentiment d'urgence qu'après-guerre.

Rêvons un peu. Cette fois, ce ne sont pas la modernisation du pays ou la lutte contre les pénuries qui l'animent, mais le désir de réparer les dégâts d'une autre guerre qui s'est livrée sur notre territoire. Les paysages sont détruits, la biodiversité s'est effondrée, notre avenir est en danger. Les rendements agricoles s'effondrent à cause du réchauffement climatique, les risques de pénurie sont réels, l'élevage industriel est une cause majeure de nombre de ces problèmes. Cela devrait suffire à lancer une nouvelle révolution agricole, réellement verte cette fois.

Alors, quel visage prendrait cette révolution, aujourd'hui ? Nombreux sont ceux qui essaient d'en dessiner les traits. Des scientifiques, des associations, certains partis politiques conscients des problèmes posés par l'élevage industriel : tous ont des propositions à faire.

Sans en dresser une liste fastidieuse, je vous soumets quelques idées qui me paraissent intéressantes. D'abord, la plus évidente de toutes, la première d'entre elles : freiner, ralentir. Arrêter tous les développements et implantations d'élevages intensifs. Déclarer un moratoire sur toute construction ou extension de ferme-usine.

Ça n'est pas rien. Il ne se passe pas une semaine en France sans que l'on apprenne qu'un nouveau projet délirant est en cours. En mars 2024, à Peyrins, dans la Drôme, l'entreprise Duc a annoncé vouloir multiplier la capacité d'un de ses élevages par cinq, pour y produire un million de volailles par an. 150 000 poulets seront engraissés en permanence.

Bénéfice prévu pour la région : trois emplois. Après enquête publique, le dossier est entre les mains du préfet de la Drôme, qui a tout pouvoir pour autoriser ou refuser cette extension.

Au même moment, on l'a vu, à Peyrilhac, en Haute-Vienne, le groupe agroalimentaire T'Rhéa a décidé de racheter une exploitation de bovins à un propriétaire sur le point de partir à la retraite. Son objectif : créer un gigantesque centre d'engraissement de 2 000 bêtes, enfermées en bâtiments. Le modèle Texan, dans sa superbe. Là encore, c'est l'État qui doit trancher, et décider de donner, ou non, son autorisation.

Vous l'avez compris : pour créer ou agrandir un élevage industriel, il faut passer par des enquêtes publiques. L'avis des riverains est sollicité. Il faut parfois (de moins en moins) obtenir une autorisation environnementale.

Mais en dernier ressort, c'est toujours le gouvernement et son représentant local, le préfet, qui auront le dernier mot. Quant aux recours déposés ensuite devant les tribunaux administratifs ou judiciaires, ils ne sont pas suspensifs. Les jugements arrivent en général trop tard, une fois que les élevages sont construits, quand le mal est fait.

S'informer, prendre connaissance des programmes des différents partis ou candidats aux élections sur ces questions-là, est donc vital. Tout comme le fait de voter, à toutes les échéances électorales, qu'elles soient locales, nationales ou européennes. Il faut faire élire ceux qui, face à de tels dossiers, prendront les bonnes décisions. Choisir le préfet qui décidera de suivre les recommandations environnementales, face à un nouvel élevage intensif. L'élu local qui fera remonter un dossier à Paris. Le député qui fera voter une loi de moratoire. Tant que nous sommes en démocratie, ce sont bien nos élus qui peuvent faire changer les choses, dans le bon sens ou dans l'autre.

Ralentir donc, prononcer des moratoires. Mais cela ne suffira pas. Pour inverser la tendance, il faudra aussi investir, et financer une transition agricole majeure, à la hauteur de celle que l'État a lancée dans les années 1960.

Les moyens existent, ils sont même considérables. L'agriculture française est largement subventionnée. L'État français verse environ 5 milliards d'euros chaque année aux agriculteurs. Il y a aussi la Politique agricole commune, la fameuse PAC européenne. Elle a été mise en place en 1962, avec pour objectif initial d'augmenter la productivité du secteur agricole européen.

L'essentiel de ces aides est distribué en fonction de la surface des fermes : plus un exploitant possède d'hectares, plus il touche de subventions. La PAC a été un grand accélérateur de l'industrialisation et de la concentration de l'agriculture européenne, c'est encore le cas aujourd'hui. La PAC représente environ 40 % du budget européen. Et la France est son premier bénéficiaire : elle touche 9 milliards d'aides chaque année.

Réorientons donc ces aides. Exigeons qu'elles soient redéployées en soutien d'une transition écologique, d'une agriculture plus vertueuse, biologique ou paysanne. Qu'elles ne soient plus accordées aux élevages les plus gros, les plus polluants, à forte densité animale, mais à ceux qui en ont le plus besoin, à des exploitations plus autonomes, plus respectueuses des animaux, et de la biodiversité.

Il faudra également déspécialiser les régions agricoles françaises, et notamment celles où l'élevage est le plus concentré, comme la Bretagne ou les Hauts-de-France. Financer la diminution des cheptels : moins d'animaux, mais pas moins d'éleveurs, au contraire, aider à créer plus d'emplois dans l'agriculture. Accompagner ceux qui veulent cesser l'élevage et se réorienter vers des cultures végétales. Et *a minima*, pour ceux qui veulent continuer l'élevage, soutenir les exploitations en agriculture biologique.

Car contrairement aux idées reçues, le label bio n'est pas que du marketing.

Ce n'est certes pas la panacée, mais en l'état actuel des choses, c'est le modèle d'élevage aux standards les plus hauts. Et c'est celui qui s'éloigne le plus de l'élevage industriel.

Acheter bio, ce n'est pas faire du *greenwashing*. Le label, reconnu en France en 1981 à travers la certification « AB », répond à un cahier des charges strict. Les règles sont claires et rigoureuses. Les agriculteurs bio sont contrôlés au moins une fois par an, sur toute leur chaîne de production.

Dans un élevage bio, il n'y a pas de hors-sol, les cages sont interdites, l'accès au plein air est obligatoire, les animaux ne doivent pas être maintenus attachés. Réunis en faible densité, ils sont nourris avec des aliments issus de l'agriculture biologique, c'est-à-dire sans soja importé, sans engrais et pesticides chimiques et de synthèse, ce qui préserve la biodiversité, la terre et l'eau. La souche des animaux est choisie en intelligence avec leur milieu, pour qu'ils soient naturellement résistants aux maladies, et éviter les traitements médicamenteux lourds.

En 2022, la Cour des comptes (encore elle), après avoir passé en revue toute la littérature scientifique, estime que « *le développement de l'agriculture biologique est le meilleur moyen de réussir la transition agro-environnementale et d'entraîner les exploitations agricoles dites conventionnelles vers des pratiques plus respectueuses de l'environnement* ».

Il y a beaucoup d'autres choses à faire. Mener une transition agricole soulève des questions infinies, qu'il serait difficile d'aborder intégralement ici. Mais si l'on parvenait déjà à démythifier ce sujet, à débattre sur des faits réels, ce serait un premier pas dans la bonne direction.

Et ce débat doit être mené, bien sûr, avec les éleveurs. Ils sont les principaux concernés dans cette histoire, et ont un rôle majeur à jouer.

Le « Shift Project », le cercle de réflexion présidé par le célèbre ingénieur Jean-Marc Jancovici, a longuement travaillé sur les scénarios possibles pour décarboner l'agriculture. Son rapport « *Pour une agriculture bas carbone, résiliente et prospère* » est sorti en novembre 2014. Il intègre les résultats d'une grande consultation menée auprès de plusieurs milliers d'agriculteurs.

Contrairement à ce qu'on imagine, l'immense majorité d'entre eux se disent favorables au changement, et prêts à adopter des pratiques agricoles durables. Le principal frein qui les en empêche aujourd'hui est économique. Un agriculteur témoigne : « *Étouffé par les dettes, je travaille pour les rembourser. Difficile dans ces conditions d'être innovant et de prendre des risques.* » « *J'ai des convictions,* dit un autre, *mais elles ne me feront pas vivre.* »

D'après l'enquête du Shift, plus de 80 % des agriculteurs se disent prêts à adopter des cultures de légumineuses, à diminuer leur usage d'engrais de synthèses et de pesticides, ou encore à aménager leur terrain, s'ils sont accompagnés techniquement et financièrement.

Stéphanie Prouteau, « retrouver notre autonomie »

La solution pour sortir de ce système, si je la connaissais, je la donnerais au monde entier. Mais je ne l'ai pas. Je ne sais pas comment sortir de ce modèle. Ce qui est certain, c'est qu'il faut absolument prendre en compte la voix des éleveurs français. Éviter de les juger, de s'en prendre à eux frontalement. La plupart sont victimes de ce système, ils n'en sont pas responsables.

Il y a beaucoup d'éleveurs conventionnels qui ne sont pas heureux dans le modèle actuel, même s'ils n'osent pas le dire publiquement, ou se l'avouer. Il faut réfléchir avec eux, leur proposer des transitions, des aides, des formations, les accompagner pour quitter le modèle dominant et aller vers autre chose.

Avec Olivier, ce qu'on a fait, c'est essayer d'inventer quelque chose à notre échelle, tout en espérant que d'autres puissent faire pareil.

L'idée principale pour nous, c'est de reprendre notre autonomie, sortir des circuits industriels. La première étape, c'est de travailler avec de plus petits cheptels. Aujourd'hui, on a une trentaine de cochons, une quinzaine de vaches, qu'on ne pousse pas à tout prix. Le lait des vaches, chez nous, on ne le prend qu'après que le veau a bu sa part. Alors évidemment, on n'en produit pas des milliers de litres, mais assez pour faire de très bonnes glaces, qu'on vend dans la région.

L'autre étape importante, c'est de produire les aliments de nos animaux sur place, sur notre ferme, pour arrêter de dépendre des entreprises agroalimentaires. Finalement, on est devenus presque indépendants. Sans patrons, sans techniciens qui nous conseillent, sans achats extérieurs, on est nos propres maîtres. Et ça change tout. Sauf qu'il nous reste une dernière étape où l'on n'est pas autonomes du tout. C'est l'abattage des bêtes.

En France, il est interdit de tuer ses animaux à la ferme. À la base, c'est pour des questions d'hygiène, et puis parce que c'est plus pratique de regrouper les mises à mort.

Mais jusque dans les années 1950, 1960, il y avait des petits abattoirs partout dans le pays. C'étaient des abattoirs municipaux, des abattoirs indépendants. Ils n'étaient jamais très loin, les éleveurs pouvaient y amener leurs bêtes facilement.

Et puis les grands groupes sont arrivés. Ils ont commencé à industrialiser tout le secteur. Ils ont racheté des petits abattoirs, ils les ont fait fermer. Ceux qui étaient en bonne santé, ils les ont saboté pour avoir une bonne raison de les brader. La logique habituelle : concentration, réduction des coûts, accélération des cadences.

Pour les animaux, c'est devenu l'enfer. Les temps de trajet pour aller à l'abattoir sont de plus en plus longs. Les animaux sont stressés dans les camions, ils ne connaissent rien d'autre que la ferme, alors ces voyages pour eux, c'est la panique.

Et puis il y a tout le reste, l'attente sur le parking, l'abattage à la chaîne, les mises à mort ratées. Pour nous aussi c'est terrible : on s'est occupé de nos animaux, individuellement, toute leur vie, et finalement ils redeviennent des numéros, des choses jetées sur une chaîne de production au moment de mourir.

Alors avec des éleveurs qui ont la même sensibilité que nous, on a lancé une association : l'Aalvie, l'Association pour l'abattage sur le lieu de vie.

On veut créer une unité d'abattage mobile, qui nous permette de tuer les animaux là où ils ont vécu. Notre objectif est double. C'est d'abord d'épargner du stress, de la souffrance à l'animal. Mais c'est aussi de dire que nous, éleveurs, on reprend la main. Avec l'abattage à la ferme, on peut devenir vraiment indépendants, sortir pour de bon du système industriel, ne plus avoir besoin des gros groupes, des autres.

Alors on s'est battus, et on se bat encore pour ça, cela fait 5 ans maintenant. Il faut rédiger des statuts, rencontrer des fonctionnaires, des élus, faire des réunions en pagaille. C'est du travail administratif, le soir et le week-end, en plus de la ferme.

On nous met des bâtons dans les roues de manière insensée. Il y a les lourdeurs de l'administration française, mais pas que cela. On sent bien que les pouvoirs publics n'osent pas nous aider, qu'ils ont un peu peur, malgré la dimension locale, la dynamique d'emplois qu'on pourrait apporter. Ils ne voient en nous que des petits agriculteurs, porteurs d'un projet qui va déplaire à la FNSEA et à l'agro-industrie.

Ça n'est même pas qu'on représente une menace, on est trop petits pour ça. Mais on ne va pas dans leur sens, et c'est déjà trop.

La tendance, aujourd'hui, n'est pas bonne. Dans notre secteur, les deux derniers abattoirs qui restaient ont été fermés. Il n'en reste plus qu'un seul maintenant, celui de la Roche-sur-Yon, qui appartient au groupe Bigard. Du coup, on est vraiment dos au mur. Il faut que notre projet marche, il faut qu'il aboutisse, on n'a plus le choix. Parce que si Bigard décide un jour que nos petits cheptels ne l'intéressent pas, c'est fini pour nous. Il aura le droit de refuser nos bêtes : il suffit qu'il dise qu'il ne peut pas prendre de bétail en dessous d'un certain seuil, que les petits cheptels ne sont pas assez rentables.

Dans ce cas, on sera obligés de fermer, puisqu'on ne pourra plus abattre nos animaux ailleurs. C'est fou, quand on y pense, le pouvoir qu'une seule entreprise a sur nos vies. Et c'est la même chose partout en France, puisque Bigard domine le marché des abattoirs. Bientôt, une poignée de petits groupes privés aux objectifs communs pourra décider de la vie et de la mort de la filière bio, de ceux qui ont des petits cheptels.

Ça paraît incroyable après tout ce qu'on a traversé, mais pour la première fois de ma vie, je m'inquiète vraiment pour notre avenir à la ferme.

Il y a deux ou trois ans, j'étais encore pleine d'espoir. Je me disais qu'on n'était qu'un petit grain de sable, mais qu'on allait arriver à gripper la machine. Avec Olivier, on avait un mode de vie qui nous convenait mieux, les perspectives semblaient bonnes. Les surfaces en bio étaient en augmentation, on avait le sentiment d'une prise de conscience générale sur les questions d'environnement et de bien-être animal.

Mais depuis le Covid, tout se ligue contre nous. C'est comme si tout était fait pour anéantir le monde paysan. Les crises sanitaires, la peur des épidémies, ça nous retombe dessus. Aujourd'hui, il n'y a que les éleveurs en plein air qui se font taper dessus, et qui se retrouvent obligés d'enfermer leurs bêtes. Les contraintes administratives et réglementaires pour le plein air sont de plus en plus lourdes, mais pour le reste, les politiques prennent n'importe quel prétexte pour déréglementer : les jachères, les aides au bio, tout ça saute.

L'inflation joue aussi contre nous, parce que nos charges augmentent toujours plus. Quant à la consommation des produits bio, elle stagne elle aussi. Et ça n'est pas que parce que les pauvres ont moins de moyens : les consommateurs les plus riches, eux aussi, sont en train de lâcher l'affaire. Nous, on a encore nos clients fidèles en vente directe, mais pour le reste, rien. D'ailleurs, même dans le débat public, les thématiques les plus basiques, comme l'alimentation, l'agriculture, le climat, ne sont plus évoquées. On parle d'immigration toute la journée, et le reste passe à la trappe.

Le plus drôle dans cette histoire, parce qu'on préfère encore en rire, c'est que l'Office du tourisme de la région est venu prendre des photos de nous récemment. Dans leurs brochures, sur leurs supports de communication, on ne voit que notre ferme : nos vaches maraîchines, nos prairies, nos petits cochons, les haies qu'on vient de planter. On est les stars, quand il s'agit d'attirer du monde dans la région.

Mais quand on a reçu, juste après, le « Livret des producteurs », une brochure qui recense les agriculteurs de la région, on a réalisé qu'on était les seuls, en bio, en plein air, dans tout le secteur. Dans le coin, il n'y a que de l'agriculture industrielle : des élevages de canards en batterie, des poules en cage et des céréaliers. Mais c'est nous qu'ils mettent en avant dans leurs brochures ! En fait, on a réalisé à quel point notre vie, nos efforts, nos combats, ne font que cautionner leur système, et c'est désespérant.

Et nous, consommateurs ?

Et moi, dans tout ça ? Que dois-je faire, que puis-je faire, à mon échelle, en tant qu'individu ? Faut-il arrêter de manger de la viande ?

La question des petits gestes, des actes individuels, est évidemment insuffisante, au regard de l'ampleur du problème. Pourtant, il faut se la poser. On ne peut pas réformer le système sans demander, aussi, au consommateur d'agir. Préconiser le retour à des cheptels plus petits, parler de transition tout en consommant autant de viande dans notre pays, c'est courir à l'échec, voire accélérer la catastrophe. Car cela signifie simplement augmenter les importations de viande, sans aucun bénéfice pour le climat, les éleveurs ou les animaux.

En cela, et c'est rare, il y a un consensus entre la FNSEA, le ministère de l'Agriculture, mais aussi la Cour des comptes, et toutes les associations de protection de l'environnement, comme le Réseau Action Climat ou Greenpeace. Une politique de transition de l'élevage doit aller de pair avec des mesures de réduction de la consommation de viande.

Alors, comment réduire cette consommation ? Et d'abord, faut-il s'arrêter totalement de manger de la viande ?

Personnellement, je n'ai pas réussi à répondre clairement à cette question. J'hésite et j'oscille souvent entre la volonté d'arrêter totalement, et le désir de soutenir les éleveurs et éleveuses les plus vertueux.

Mais puisque nous parlons ici d'élevage industriel, j'ai une conviction, très simple : il faut de toute façon réduire les quantités, au maximum. Arrêter totalement ou diminuer drastiquement en continuant de choisir de la viande de qualité : au fond, ce n'est pas là l'enjeu. Chacun décide comment agir, selon ses principes et ses moyens. Mais ce qui est absolument certain, c'est que pour sortir de l'élevage industriel, il faut d'abord et avant tout réduire les volumes de production. Et donc baisser la quantité de produits animaux consommés, de façon radicale.

Le problème se pose un peu de la même manière que pour la *fast fashion*. Tant que l'on voudra s'acheter une vingtaine de tenues par an, il faudra des usines en Asie pour les produire. Acheter des pulls chez des petits producteurs français, chez le Slip français et Petit Bateau, ou privilégier la seconde main sur Vinted ne changera pas le fond du problème : si la demande est massive, la production sera massive.

Qu'elle soit produite au Maroc ou au Portugal pour les marques les plus éthiques, en Afrique ou en Asie pour les autres, elle sera nécessairement polluante, fabriquée à bas coût, par des personnes vulnérables, dans des pays fragilisés par une mondialisation qui se fait sur leur dos.

C'est la même chose pour la viande en France. Tant que l'on voudra en manger tous les jours, elle sera produite dans des usines. Élever, de manière artisanale, traditionnelle, ou simplement à l'air libre, les millions de poulets que nous abattons chaque jour est impossible. Nous n'avons ni la place ni les moyens de faire de la viande dite de qualité, à grande échelle.

Mais la santé ?

« Mais rassure-moi, tes enfants, ils en mangent ? » ; « Et les femmes enceintes, elles vont faire comment si elles n'ont pas de protéines ? » ; « Et les malades, les convalescents ? » C'est le dernier kilomètre à parcourir. L'ultime frein psychologique à notre baisse de consommation de viande. La question de la santé est centrale et, on l'a vu, abondamment manipulée par les lobbys de l'industrie de la viande.

Alors, prenons le temps de mettre les choses à plat sur ce point. Là encore, le terrain scientifique est loin d'être vierge. Les études sont nombreuses, et elles vont toutes dans la même direction.

Réduire, voire éliminer la viande de nos repas ne met, à aucun moment, nos santés en danger.

Je vais jouer un court instant au professeur et parler biologie. Pour vivre, les humains ont besoin de protéines, qui sont composées d'acides aminés. Dans notre organisme, les protéines jouent un rôle essentiel. Elles participent au renouvellement des tissus musculaires, des cheveux, des os, de la peau, et permettent de nombreux autres processus physiologiques, comme la digestion, la réponse immunitaire, l'oxygénation. Notre corps fabrique certaines de ces protéines. Mais une grande partie d'entre elles doit venir de l'extérieur : de l'alimentation.

L'Anses, l'Agence nationale de sécurité sanitaire de l'alimentation, un établissement public placé sous l'égide du ministère de la Santé et de l'Agriculture, estime précisément que le besoin de protéines est, pour les adultes en bonne santé, de 0,8 gramme par kilo et par jour.

Un homme de 70 kilos a donc besoin de 56 grammes de protéines par jour, une femme de 60 kilos de 48 grammes.

Cette « référence nutritionnelle » est un peu plus élevée, autour de 1 gramme par kilo et par jour, pour les personnes âgées, les enfants en bas âge, les femmes enceintes et allaitantes.

Or, ces besoins nutritionnels, établis par l'Anses en France mais aussi par l'OMS dans le monde, sont largement dépassés dans tous les pays occidentaux.

Les Français consomment en moyenne 1,5 fois le taux de protéines dont ils ont besoin. Et c'est le même chiffre ou presque pour les végétariens qui consomment 1,2 fois le taux de protéines conseillé par l'Anses.

Laure Ducos, une experte indépendante qui a signé l'étude de Greenpeace sur les lobbys, a longuement travaillé sur les coulisses de l'alimentation et de l'agro-industrie. Dans son livre *Les frites viennent des patates*, elle souligne une idée majeure, qui m'a particulièrement marquée : en France, les individus ne sont pas en mauvaise santé à cause de leurs carences. Ils sont en mauvaise santé à cause de leurs excès.

C'est l'Anses, encore, qui le dit : « *Les déficits d'apport, et a fortiori les carences, sont très rares dans la population générale, et ne concernent que la vitamine D (liée à une insuffisante exposition au soleil).* »

Les risques de carence en France sont un mythe, issu de notre histoire et des souvenirs de la guerre. Ils ne sont plus d'actualité aujourd'hui.

En revanche, plus de 40 % des hommes dépassent la limite des 500 grammes de viande rouge préconisés par semaine, et 70 % vont au-delà du seuil des 150 grammes de charcuterie. La surconsommation de viande rouge accroît les risques de maladie cardiovasculaires et de cancers colorectaux.

Mais tout de même : où se trouvent les protéines dont nous avons besoin ? Nous avons, là encore, un problème de représentations mentales. En France, protéines et viande sont associées comme allant de pair.

Or, en réalité, nous, humains, sommes omnivores. Cela veut dire, qu'à la différence du loup et des carnivores qui ne peuvent se nourrir que de chair, notre système digestif nous permet d'assimiler aussi bien des aliments d'origine végétale qu'animale. Et il y a des protéines dans tous les végétaux.

On répète régulièrement que les produits d'origine animale sont « plus riches » en protéines. Les protéines s'y trouveraient en quantités plus grandes, donc il serait plus simple et plus rapide d'en consommer directement. Mais ça n'est pas vrai. Certains produits végétaux sont aussi riches en protéines que les produits animaux. C'est le cas du soja, par exemple, qui en contient autant que la viande de dinde.

Mais même si ce n'est pas le cas pour tous les végétaux, nous ne sommes pas aux abois. Rien ne nous oblige à optimiser l'efficacité de notre alimentation, au gramme près. Il n'y a absolument aucun souci, dans nos sociétés qui croulent sous l'abondance, à remplacer les protéines animales par des protéines végétales, issues de produits divers.

Voici tout de même les aliments les plus riches en protéines végétales : ce sont les légumineuses (lentilles, haricots, pois, fèves, soja), les oléagineux (noix, noisettes, amandes), les céréales et le quinoa.

Soja, tofu, quinoa : le trio parfait pour caricaturer les végétariens. Là encore, pas besoin d'y recourir si vous ne les aimez pas, les protéines sont présentes dans tous les végétaux, et même dans tous les aliments, sauf l'huile et le sucre.

Sauf cas particulier, il n'est pas nécessaire de se préoccuper de la « qualité » et de la composition en acides aminés des protéines que nous consommons. La diversité des sources et la quantité suffisent amplement. De la même manière, il n'est pas nécessaire de réaliser de complexes combinaisons de céréales et de légumineuses à chaque repas : une alimentation végétale variée suffit, diversifiée sur quelques jours.

Et c'est valable pour tous les âges. L'Anses l'écrit également, noir sur blanc : dans nos sociétés, les régimes végétariens (c'est-à-dire excluant viande et poisson, mais autorisant lait et œuf) « *permettent d'assurer un apport protéique en quantité et en qualité satisfaisantes pour l'enfant et l'adulte* ».

Pour le fer, même chose : les sources végétales peuvent facilement couvrir nos besoins. Haricots secs et lentilles, légumes à feuilles vertes, chocolat noir ou abricots secs sont autant d'aliments très riches en fer.

Les apports conseillés en fer sont de 9 mg par jour pour les hommes et 16 mg par jour pour les femmes. La vitamine C (contenue dans les fruits) permet une meilleure assimilation du fer, tandis que le thé ou le café la limitent. Le manque de fer dans nos populations est plus généralement lié à la consommation excessive de ces boissons-là qu'au manque de viande.

Idem enfin pour le calcium, assimilé aux produits laitiers en France, grâce à un matraquage puissant de l'industrie laitière depuis des décennies (« *Les produits laitiers sont nos amis pour la vie !* »). En réalité, le calcium des légumes à feuilles vertes tels que les choux, brocoli, persil et cresson est bien absorbé par l'organisme (le calcium résiste bien à la cuisson). Les fruits secs sont également riches en calcium : figues, dattes, noix, graines de sésame.

Autre argument souvent invoqué pour pousser à manger de la viande : les protéines issues de produits animaux s'assimileraient mieux, et se digéreraient plus facilement. Les défenseurs de la viande utilisent souvent cette idée, très imagée mais non établie scientifiquement : il s'agit de chair et de sang, qui ressemblent à ceux des humains, ce qui expliquerait une assimilation plus simple.

Or, l'Inrae, une autre agence de recherche publique, pourtant régulièrement critiquée pour ses liens historiques avec l'industrie de l'élevage, a publié en 2019 un dossier sur les protéines végétales qui dit tout le contraire.

Les auteurs de cette étude l'expliquent très bien : « *Pendant longtemps, les nutritionnistes ont pensé que les protéines animales étaient de meilleure qualité que les végétales. On disait qu'elles étaient peu digestes, et dotées d'un profil en acides aminés peu favorables aux besoins humains. Au fil du temps, les nutritionnistes sont revenus sur cette idée. La digestibilité des protéines végétales est très proche de celle des protéines animales.* »

Dans ce rapport, l'Inrae rappelle que notre gigantesque consommation actuelle de produits animaux s'est faite au détriment de toute une gamme de produits végétaux : nous mangeons aujourd'hui 5 fois moins de légumineuses que dans les années 1920. L'institut plaide enfin pour une transition alimentaire globale, d'où tout le monde sortirait gagnant. « *Si au lieu d'en faire une contrainte et un sacrifice, celle-ci devenait plutôt l'opportunité de redécouvrir le plaisir de la qualité, de s'ouvrir à de nouveaux aliments et de nouveaux goûts ? Se faire du bien, se faire plaisir tout en protégeant notre planète, quoi de plus savoureux ?* »

Un dernier point enfin, concernant les végétaliens. On appelle ainsi ceux qui ont choisi de suivre un régime végan, c'est-à-dire sans aucun produit d'origine animale : sans viande, ni poisson, ni lait, ni œufs. Ils représentent moins de 0,5 % de la population française.

Pour eux, et pour eux seuls, il existe un risque de carence. La vitamine B12, d'origine bactérienne, ne se trouve pas en quantité suffisante dans les végétaux. Mais le problème peut se résoudre facilement, il suffit de prendre de la vitamine B12 sous forme de comprimés ou de gélules, en vente libre dans le commerce et sans risque de surdosage. L'immense majorité de la population française, carencée en vitamine D, prend des compléments régulièrement, sans que cela pose de problème à personne.

Nous avons la chance en France de disposer de tout, en grande quantité. À la différence de nombreux pays, nous avons justement ce luxe de pouvoir nous passer de viande. Nous pouvons choisir nos produits, faire attention à notre équilibre alimentaire tout en constituant des menus variés, abondants, qui répondent à nos goûts, nos plaisirs. Changer de modèle alimentaire est simple, à notre portée.

Les légumes, c'est pour les riches

Et tant que nous en sommes aux idées reçues, je voudrais en déconstruire une autre, très présente dans le discours politique français. Modifier son alimentation serait une lubie de bourgeois, un caprice de riches. Ainsi, l'instauration de menus végétariens à la cantine mettrait en danger les classes populaires qui, elles, ne peuvent pas se payer de viande.

En février 2021, un scandale secoue la ville de Lyon. Le maire écologiste Grégory Doucet a instauré un menu unique sans viande (mais avec œuf et poisson) dans les écoles de la ville. Il s'agit d'une décision temporaire, prise pour des raisons sanitaires liées au Covid. Mais elle suffit à déclencher un tollé national.

Reportages dans la presse, interviews dans les matinales, directs sur LCI et BFM : élus locaux, députés et sénateurs, tous poussent les hauts cris. Des agriculteurs de la FNSEA manifestent devant l'hôtel de ville de Lyon. L'affaire remonte jusqu'au sommet de l'État. Le ministre de l'Agriculture Julien Denormandie saisit le préfet du Rhône, et dénonce « *une honte d'un point de vue social. Ce sont ceux qui sont les plus fragiles qui n'ont pas forcément accès à des repas équilibrés qui sont pénalisés par de telles décisions* ».

Le ministre de l'Intérieur, Gérald Darmanin, décide à son tour d'intervenir, et se fend d'un tweet du même style. « *On voit bien que la politique moraliste et élitiste des "Verts" exclut les classes populaires. De nombreux enfants n'ont souvent que la cantine pour manger de la viande… Idéologie scandaleuse.* »

Les classes populaires, privées de viande ? Les enfants les plus pauvres n'auraient que la cantine pour combler leurs carences ? Le spectre des fameux « jours sans » surgit à nouveau. Il faut nourrir ces enfants privés de tout et affamés, leur fournir de la viande pour qu'ils soient « *forts et vigoureux* » !

En réalité, il ne s'agit pas simplement d'une exagération. La phrase de Gérald Darmanin est tout simplement mensongère.

Les chercheurs de l'Inrae ont travaillé sur cette question en 2019. Ils ont mené une enquête pour savoir quelles classes sociales mangeaient le plus de viande. D'après ces scientifiques : « *Les résultats sembleraient bien étranges à nos collègues d'avant-guerre. En effet, ce sont les classes les plus défavorisées qui mangent le plus de viande rouge, volaille et charcutière. Les consommations de produits animaux sont socialement marquées.* »

Les catégories socioprofessionnelles les plus aisées (cadres et professions libérales) ont diminué leur consommation de viande de plus de 19 % entre 2007 et 2016. Les classes populaires, elles, en mangent plus que jamais.

Une autre étude de l'Anses, menée en 2017, montre que les enfants les plus nombreux à manger de la viande sont ceux dont les parents ont quitté le système scolaire entre le lycée et le bac +3. Les plus petits consommateurs de viande, eux, ont des parents qui ont un niveau bac + 4 ou supérieur.

Les enfants de cadres sont plus nombreux à consommer des légumes que les enfants d'ouvriers.

En réalité, ce dont les classes populaires ont besoin aujourd'hui, c'est de moins de viande, moins de sucre, moins de fast-foods, moins de produits transformés. Ce que l'école doit leur fournir, c'est plus de légumes, de fibres et de produits issus de l'agriculture biologique. Il s'agit de mesures de santé publique, mais aussi de justice sociale.

Mais leurs intérêts réels ne comptent pas. Comme souvent, les classes populaires, délaissées par les pouvoirs publics, sont invoquées simplement quand il s'agit de servir d'autres intérêts, politiques ou industriels.

Interviewé quelques semaines plus tard sur Public Sénat, le ministre de l'Agriculture Julien Denormandie est revenu en longueur sur sa position contre le menu sans viande de Lyon.

L'argument de la « petite ferme française » a jailli soudain de lui-même, pierre angulaire de tous les combats menés en faveur de la consommation de viande. « *À tout le temps chercher à dénigrer, en fait on en vient à faire quoi ? À décourager certains. Et qu'est-ce que c'est que l'élevage français versus l'élevage qui existe à travers le monde ? On est dans des fermes de petite taille, on est dans du terroir, on est dans de la qualité de nos produits et c'est ça qu'il faut bien mettre en avant.* »

Changer les règles du jeu

La question de la consommation de la viande ne peut pas se poser au seul titre individuel. Des politiques publiques doivent l'accompagner, car il est très compliqué de changer de pratiques dans un environnement qui nous impose de consommer en permanence.

De même qu'on ne peut pas dire aux gens d'arrêter la voiture dans les campagnes sans mettre en place des transports collectifs, il faut donner à ceux qui le désirent les moyens de changer de modèle.

Alors quelles mesures politiques concrètes proposer ? L'Institute For Climate Economics, l'IRCE, a travaillé en profondeur sur le sujet. Il a étudié les politiques actuelles, qu'il estime pour l'instant insuffisantes.

Et d'abord, celles, puisque nous y sommes, qui concernent les cantines scolaires.

C'est un enjeu crucial : chaque année, environ 80 000 tonnes de viande et 120 000 tonnes de produits laitiers y sont servies aux élèves. Au total, sur le seul déjeuner, les enfants consomment entre 2 et 4 fois leurs besoins en protéines du jour. Au-delà des questions de quantité, l'intérêt pédagogique est important, car les habitudes alimentaires se prennent dès l'enfance.

En 2018, la loi Egalim a instauré la mise en place d'un menu végétarien par semaine dans la restauration scolaire. Il s'agit d'un véritable progrès. D'après Greenpeace, 69 % des élèves n'avaient auparavant d'autre choix que de consommer de la viande ou du poisson tous les jours ou presque, sans aucune alternative végétarienne. Ce chiffre est tombé à 6 % en 2020.

Mais malgré ce pas en avant, les menus végétariens ne représentent aujourd'hui que 5 % des repas consommés. L'IRCE estime par ailleurs que les chefs des cantines scolaires ne sont pas assez formés, et que les approvisionnements en légumineuses sont insuffisants.

La deuxième politique publique en matière d'alimentation, ce sont les recommandations nutritionnelles émises par l'État. Celles que le docteur Serge Hercberg a réussi à mettre en place, malgré les oppositions et menaces de tous les lobbys agroalimentaires.

On l'a vu, les nouvelles recommandations du Programme national nutrition santé (PNNS) fixent la limite maximale de consommation de viande hors volaille à 500 grammes par semaine, et celle de charcuterie à 150 grammes.

Pour l'IRCE, ces recommandations sont utiles, parce qu'elles donnent des références aux acteurs majeurs de l'alimentation, mais leur impact reste mineur. L'asymétrie entre les différents protagonistes est trop importante. Le budget annuel de la publicité pour l'industrie agroalimentaire est de l'ordre de plus d'un milliard d'euros, alors que le budget annuel total de la mise en œuvre du PNNS est d'un million d'euros.

Bref, les quelques rares politiques publiques sont pour l'instant bien insuffisantes. Alors, que faire ?

Il est possible, avant tout, de transformer l'offre alimentaire à plus grande échelle. Concrètement, la restauration collective doit réduire la part de la viande dans ses menus, et pas seulement une fois par semaine ou en option. Les industriels de la transformation pourraient réduire la quantité de produits animaux dans les produits qui en contiennent, et proposer des produits végétaux sains.

Les acteurs de la grande distribution pourraient valoriser les alternatives à la viande, les mettre en valeur dans les rayonnages, augmenter l'offre végétale, limiter la promotion des produits carnés. En réalité, il ne s'agit pas de contraindre, mais bien au contraire d'offrir davantage de libertés et d'options aux citoyens, pour maîtriser leur alimentation.

Nous pourrions par ailleurs changer les règles du jeu, notamment en termes de fiscalité. Les taxes sur la cigarette ont bel et bien fait chuter la consommation de tabac. Nous pouvons le faire aussi pour la viande.

Il existe une association hollandaise, dont j'aime beaucoup le nom : True Animal Protein Price Coalition (« Association pour le coût réel de la viande »). On nous répète beaucoup que grâce à l'agriculture intensive, la viande n'est pas chère : c'est faux.

Tous les jours, ce sont les citoyens et les contribuables qui paient la facture. L'État (donc nos impôts) prend en charge le risque climatique, les collectivités publiques nettoient les rivières polluées, la Sécurité sociale finance les soins pour les cancers colorectaux et la souffrance des employés en abattoir... Ce poulet ou ce steak, qui ne coûtent presque rien en supermarché, nous les payons finalement très cher, d'un point de vue social et écologique. Autant en intégrer le coût réel, dès le départ.

Brigitte Gothière, « Le déni nous fait perdre du temps »

Brigitte Gothière est une figure de la lutte contre l'élevage industriel en France. Elle est à la tête de L214, une association de défense des animaux qui diffuse des vidéos tournées à l'intérieur des élevages et des abattoirs.

La première fois que je l'ai rencontrée, j'ai été surprise par son calme, sa douceur et son immense pragmatisme, à rebours de l'image que certains politiques et médias veulent donner d'elle. Dans un pays où l'élevage est présenté comme bucolique et familial, Brigitte Gothière est régulièrement montrée du doigt pour sa « radicalité », son « extrémisme ».

En réalité, son association, pacifique dans ses moyens d'action, n'a aucun fait de violence à se reprocher. Mais elle montre, dans ses vidéos, une réalité, qui l'est, elle, terriblement.

Ce déni français généralisé, ce refus de voir la réalité de l'élevage en face, a des conséquences majeures sur nos capacités d'action. C'est comme dans la vie de tous les jours : les freins psychologiques, c'est ce qui nous empêche d'avancer. À l'échelle de la France, c'est pareil : le déni empêche l'émergence d'autres récits, d'autres histoires. Et donc, il rend impossible toute prise de décision qui nous permettrait de sortir de ce système.

C'est pour lutter contre ce déni qu'un jour, avec Sébastien Arsac, mon compagnon, nous avons décidé de montrer des images des élevages. C'est devenu aujourd'hui la marque de fabrique de L214, notre association de défense des animaux utilisés comme ressources alimentaires. On voulait montrer, donner à voir la réalité. Il faut que les gens sachent ce qui se passe vraiment chez nous.

Quand on a commencé à militer, on n'avait même pas pensé à ce problème. Nos actions étaient classiques : on distribuait des tracts, on essayait d'expliquer, de décrire les conditions d'élevage des poules pondeuses en cage, par exemple. Et les gens nous répondaient toujours : « Mais non, tout ça n'existe pas en France, ça c'est aux États-Unis, c'est en Pologne. » À un moment on s'est dit : il faut qu'on montre que ce système existe bien ici, que c'est comme ça que ça marche, chez nous, dans notre pays. Les gens ne croient que ce qu'ils voient : il fallait donc filmer l'intérieur des élevages, des abattoirs. Et c'est comme ça qu'on a commencé, en 2003.

Sébastien s'est fait embaucher dans un élevage de foie gras. Il s'est fait passer pour un élève vétérinaire et il a tout filmé, avec un petit caméscope. À l'époque, les éleveurs ne se méfiaient pas. Il y avait là 800 ou 900 cages individuelles, répugnantes, où les canards ne pouvaient même pas se retourner. Sébastien a filmé le gavage des bêtes à la pompe, le broyage des femelles à la naissance, parce qu'elles ont de trop petits foies pour être gavées. Et ensuite, on a tout montré.

L'image ne permet pas de tricher. On n'est pas Steven Spielberg, on ne peut pas faire jouer des animaux. Quand on a diffusé nos premières vidéos d'abattoirs, ça a très vite touché les gens, et ça n'était pas pour des questions de normes non respectées. C'est le fait de voir des animaux qui se débattent, qui font tout pour s'échapper, qui nous bouleverse. Leurs regards, leurs expressions, dans ces moments-là, nous parlent immédiatement.

En tant qu'êtres humains, nous reconnaissons ces émotions que les animaux ressentent : l'angoisse d'être entravé, l'envie de fuir une situation désagréable, la terreur de mourir. Donc ces images-là, elles suscitent une émotion chez nous, qui va à son tour déclencher une réflexion, et peut-être même une action.

Mais aujourd'hui, toutes ces possibilités d'action sont entravées par ces fantasmes à n'en plus finir. Et il n'y a pas que le mythe de la petite ferme familiale. Il y en a tellement d'autres.

Rien que ces histoires de terroir et de « gastronomie unique au monde », c'est n'importe quoi. On dirait vraiment qu'on a tout inventé, que seule la France a une cuisine traditionnelle, à base de viande bien sûr, mais c'est faux ! Toutes les cuisines du monde entier, en Asie, en Inde, en Afrique, sont incroyables, uniques, riches. Des terroirs, il y en a partout. Ce discours-là est très chauvin, imbu de lui-même, et fondé sur pas grand-chose.

C'est comme sur le foie gras, on nous répète en permanence : le monde entier nous envie notre foie gras, mais en réalité on produit et on consomme en France 75 % du foie gras mondial. Donc finalement les autres, ils ne nous envient pas tant que ça, et ils en mangent assez peu.

« Les agriculteurs sont les soldats de la lutte contre le réchauffement climatique », « les agriculteurs aiment les animaux », « les agriculteurs préservent les paysages », sans oublier « le petit boucher du coin », alors qu'il est fourni par exactement le même camion que le supermarché d'à côté… On accumule les mythes, et il faut tous les déconstruire, un à un, avant même de pouvoir passer à l'action. Quelle perte de temps !

Je suis allée leur parler, à la FNSEA. Un jour, ils m'ont invitée à une rencontre avec les Jeunes Agriculteurs, leur branche dédiée à la jeunesse. J'ai hésité, parce que je sais qu'ils nous détestent franchement, mais je me suis dit : allez, il faut y aller.

J'ai décidé de me concentrer sur cette histoire dont ils nous rebattent les oreilles ces derniers temps : sans élevage, disent-ils, pas de prairies, or les prairies stockent le carbone, donc l'élevage est bon pour la planète.

Je leur ai parlé des études scientifiques, je leur ai dit : c'est terminé cette histoire, la plupart des prairies sont désormais émettrices de CO2, même en France. Il n'y a vraiment plus que les grandes plaines de Sibérie qui soient encore des puits de carbone, et ça se dégrade beaucoup d'année en année.

J'ai tout expliqué, ils avaient l'air d'écouter, ils prenaient même des notes. C'est alors que j'ai réalisé mon erreur : la vérité, ils ne veulent pas la connaître. Ce qu'ils voulaient, ce jour-là, c'était juste connaître notre discours, pour mieux le contrer, travailler leurs argumentaires, leur communication.

Tout est fantasme, tout est faux dans leurs récits, par contre ils travaillent beaucoup pour en faire des outils qui fonctionnent, à destination du grand public. Et c'est un vrai problème.

Pour moi, le plus grave, ce n'est même pas la fable du petit boucher du coin ou de la petite ferme familiale française. Pour moi, la vraie catastrophe, c'est le fait que les ministres, les élus utilisent tout le temps ce type d'arguments. Et là du coup c'est grave, parce que ça devient un vrai frein à la mutation de notre modèle agricole et alimentaire. Tout simplement parce que s'il n'y a pas de problème, eh bien, il n'y a rien à résoudre ! Donc aucune mesure à prendre. C'est un vrai souci pour la démocratie, car on ne peut débattre que sur des faits. Si les faits n'ont plus d'importance, il n'y a plus de débat.

La criminalisation des associations et des militants fait aussi partie de leur stratégie. C'est la suite logique de la jolie fable : on raconte une belle histoire, malheur à qui en dira une autre. Notre association, L214, a des modes d'actions pacifiques et bienveillants, ce qui est cohérent avec notre objectif d'une société plus douce, attentive à tous les êtres sensibles. On n'a jamais utilisé la violence, les menaces, les agressions physiques ou verbales. Je parle toujours sur un ton très calme, je fais même attention à ne jamais employer de gros mots. Mais les lobbys et les élus nous font passer, à longueur d'interviews, pour des extrémistes, des dangereux radicaux, alors que notre seule arme c'est de montrer ce qui se passe.

Malgré tout, je crois que tout n'est pas perdu, il faut juste qu'on s'accorde sur les faits. Une fois qu'on aura pris les bonnes décisions, changé l'environnement alimentaire, alors les gens iront d'eux-mêmes vers des solutions. Mais encore faut-il qu'on le leur permette. Parce que, aujourd'hui, la liberté du consommateur, c'est un leurre. Tout est organisé pour qu'on mange de la viande. Si par exemple, dans les magasins, il y avait des options véganes, bonnes, variées, accessibles, les consommateurs en achèteraient.

Tous les sondages le disent, depuis des années : entre 85 et 90 % des gens en France sont contre l'élevage intensif, et 64 % des gens sont d'accord avec l'idée de réduire leur consommation de viande de moitié. Les gens sont prêts au changement. Ce sont nos décideurs qui bloquent tout.

Chapitre 10

Et les animaux ?

Quels droits pour les animaux ?

Nous devons transformer notre système industriel parce qu'il ne fonctionne pas, et pour nous préserver nous-mêmes, êtres humains. Mais il ne faudrait pas oublier les principaux intéressés dans cette histoire. Ceux qui sont enfermés, découpés, mangés par milliards. Les animaux.

La violence que nous exerçons sur les bêtes n'est pas liée uniquement à l'élevage industriel. Nous avons dominé et maltraité les animaux bien avant le XIXe siècle. L'idée de l'animal-machine, de la bête entièrement vouée au service de l'homme, destinée dès la naissance à lui fournir sa chair, sa laine, sa peau, sa force de travail, précède largement son exploitation dans les fermes-usines.

Mais la question du sort des animaux est évidemment centrale dans la réflexion à mener sur l'élevage industriel. D'abord parce que la maltraitance a, avec ce système, changé d'échelle. Elle a atteint un degré de perfection et de rationalisation, jamais vu dans l'histoire. On parle désormais de milliards d'animaux, de l'immense majorité des mammifères vivants sur terre, placés sous sa coupe.

La transformation d'êtres vivants en simples produits manufacturés, en ressource uniquement destinée à faire du profit, est aussi sans précédent.

Or le déni de cette souffrance que nous infligeons est l'un des plus ancrés en nous, plus encore que tous les récits mensongers sur nos éleveurs ou nos campagnes.

Il faut donc, à ce stade, nous interroger sur les droits des animaux, sur la place que nous devons leur accorder dans nos sociétés, et ce dans leur intérêt propre.

Cette question, nous devons nous la poser pour eux, mais aussi pour nous, êtres humains. Car ce que nous faisons subir aux animaux dit quelque chose aussi de la violence de nos sociétés, du monde invivable que nous avons créé.

C'est ce qu'explique très bien la philosophe Corine Pelluchon, spécialiste de philosophie politique et d'éthique appliquée. « *La question animale nous force à ouvrir les yeux sur ce que nous sommes devenus. Elle est devenue l'un des chapitres essentiels de la critique d'un mode de développement déshumanisant, fondé sur l'exploitation sans limites des autres vivants.* »

Dans son essai *Manifeste animaliste*, elle ajoute : « *Nous sommes arrivés à une telle violence et une telle aberration dans notre rapport aux animaux, que tout le monde est amené à réfléchir au sort qui leur est réservé.*

Les individus s'interrogent sur ce que la maltraitance animale révèle des fondements à la fois anthropologiques, éthiques et juridiques de cette société dont le modèle de développement économique est essoufflé.

Aussi, la question animale s'impose-t-elle aujourd'hui comme une question sociale et politique majeure dans un contexte qui est celui de la constatation de l'impasse à laquelle nous conduit le capitalisme. Se battre pour libérer les animaux, c'est nourrir l'espoir qu'un autre monde est possible. »

La maltraitance dont les animaux sont les victimes, cette violence massifiée dans le cadre de l'élevage industriel, met au jour les dysfonctionnements multiples de notre société. Nos systèmes économiques sont fondés sur une exploitation illimitée du vivant. La nature, les forêts, les océans sont détruits quotidiennement, pour assouvir nos besoins effrénés de consommation.

En laissant perdurer ce système, nous agissons contre nous-mêmes, explique la philosophe. « *Ce n'est pas seulement les horreurs dont notre espèce se rend coupable en exploitant d'autres êtres sensibles qui apparaissent dans ce miroir, mais le visage blafard d'une humanité en train de perdre son âme.* »

Pour toutes ces raisons, la réflexion sur les droits des animaux a toute sa place dans une analyse de l'élevage industriel. Alors, comment considérer ces animaux ? Comment prendre en compte leurs intérêts propres ? Quels droits pouvons-nous leur donner ?

Les animaux de compagnie

C'est le moment de faire entrer de nouveaux acteurs, plus familiers, proches de nous, dans notre récit. Les chats et les chiens.

Comme des millions de Français, j'ai grandi avec un animal de compagnie. Très tôt, les chats se sont succédé dans notre famille, au rythme des accidents de voiture, des maladies ou des disparitions. Tous dotés d'un nom propre, ils ont dormi avec nous, et leurs photos figurent encore dans nos albums de famille.

L'arrivée des animaux de compagnie, dans nos salons et nos univers affectifs, est un fait social et historique majeur, survenu à peu près au même moment que l'élevage industriel. Quand les veaux, les vaches, les porcs ont disparu de nos fermes et de nos paysages, d'autres animaux sont apparus, par millions également. Ils ont commencé à vivre chez nous. Au sein même de nos foyers.

Éric Baratay, l'historien des animaux, raconte : « *Les animaux de compagnie, c'est-à-dire des animaux qui habitent à la maison, au sein de la cellule familiale, n'existent quasiment pas avant le* XX*e siècle. On connaît certes des tableaux de familles ou de personnalités posant avec leurs bêtes. Mais en réalité, il ne s'agit que de quelques aristocrates et de bourgeois très riches. Ils se font peindre avec leurs chiens et leurs chats, ils aiment les mettre en image, mais c'est justement pour se distinguer, parce qu'ils sont rares.*

Jusqu'à la fin du XIX*e siècle, quelques chiens vivent avec les hommes, mais c'est pour travailler, pas pour leur tenir* *compagnie. Ils sont là pour garder les moutons, surveiller la maison. Les chats, il y en a très peu, et ce sont essentiellement des chats de gouttière, ou des chats qu'on tolère dans les fermes parce qu'ils chassent les rongeurs. Il n'y a à l'époque aucune interaction affective, aucune possibilité d'envisager un réconfort psychologique des humains par les animaux.* »

Les choses changent au début du *xx*ᵉ siècle. La famille bourgeoise devient le modèle dominant. Elle commence à intégrer quelques animaux dans son intérieur. Les chats, chiens ou oiseaux jouent avec les enfants, distraient les parents. Pour Éric Baratay, l'arrivée de la Première Guerre mondiale signe un changement majeur dans la relation entre l'homme et certains animaux.

« *Dans les tranchées, on voit apparaître énormément de chats, venus des villages abandonnés par leurs habitants. Ils s'y replient parce qu'ils y trouvent à manger, avec notamment la présence d'humains et de rats. Cet épisode va être une des causes de l'adoption du chat de compagnie dans les familles, et par toutes les classes sociales, c'est ça la grande nouveauté du xx*ᵉ *siècle. Avec ces chats qui viennent réclamer un peu de nourriture ou d'affection dans les tranchées, les soldats vont trouver un peu de douceur dans ce monde de brutes. Pour la première fois, une relation affective se met en place.* »

À partir des années 1950, le nombre d'animaux de compagnie explose. On compte 10 millions de chiens en France à la fin du *xx*ᵉ siècle. Les effectifs de chats progressent ensuite de manière fulgurante. Ils dépassent les chiens au début du XXIe siècle. On dénombre aujourd'hui 14 millions de chats domestiques en France.

Un foyer sur deux possède désormais un animal de compagnie. La plupart des Français considèrent qu'ils sont des membres à part entière de leur famille. On leur donne un nom. On les habille, on les toilette. Les Français dépensent entre 700 et 900 euros par an pour leurs animaux.

Le droit a suivi ce mouvement de société. Le 10 juillet 1976, une première loi pose les bases de la politique de protection animale. L'article L214 du Code rural est ainsi rédigé : « *Tout animal, étant un être sensible, doit être placé par son propriétaire dans des conditions compatibles avec les impératifs biologiques de son espèce.* »

L'animal est ainsi reconnu comme étant un être doué de sensibilité. La notion est intégrée dans le Code civil en 2015.

Plus récemment encore, en 2021, la loi de lutte contre la maltraitance à l'encontre des animaux domestiques aggrave toutes les peines encourues pour les actes de cruauté. Les auteurs de ces faits sont désormais passibles de 3 ans de prison et 45 000 euros d'amende. En cas de décès de l'animal, ils risquent 5 ans de prison et 75 000 euros d'amende.

Dans les journaux, on ne compte plus les histoires de personnes interpellées après s'être filmées en train de frapper leur chien, ou les procès retentissants pour des actes de tortures perpétrés sur des chatons. C'est la grande nouveauté de la fin du XXe siècle.

Avec les animaux de compagnie, les Français se sont attachés, profondément, affectivement, à leurs bêtes. Cet attachement a eu des conséquences juridiques. Et a débouché sur un incroyable paradoxe : jamais, dans notre histoire, les animaux n'ont été à ce point considérés comme des êtres moraux, sensibles, dignes de droits.

Jamais ils n'ont, dans le même temps, été autant suppliciés et tués en masse.

La fable des trois lapins

Alors comment penser cette question, politiquement ? Comment donner de vrais droits à tous les animaux, et pas seulement à ceux de compagnie ?

Il ne s'agit pas bien sûr de leur donner le droit de vote, comme aiment ironiser les défenseurs du statu quo. Les animaux ne sont pas nos concitoyens, ils ne se pensent pas eux-mêmes comme faisant partie de notre communauté politique.

Mais même sans leur donner de droit de vote, il est possible de penser les animaux comme des sujets politiques. Les bébés, les personnes âgées frappées de démence, les individus lourdement handicapés ont des droits. Ce sont des citoyens, ils disposent de libertés réelles, organisées dans un cadre pratique qui leur permettent de se nourrir, de se loger, d'être protégés de mauvais traitements. Sans avoir de droit de vote, sans même souvent avoir la capacité de s'exprimer, leurs intérêts sont pris en compte :

d'autres individus ont déchiffré leur volonté, et en ont tiré des conséquences politiques.

Une société démocratique doit donc pouvoir concilier les droits de l'homme et les intérêts des animaux. Les humains peuvent formuler en termes juridiques ce que les animaux sont en droit d'attendre d'eux. La question animale est une question politique : elle doit se traduire à la fois par des organisations sociales, et des règles juridiques.

L'intérêt que nous avons pour nos animaux de compagnie peut-il nous montrer la voie ? « *C'est l'amour que j'ai ressenti pour mon chien qui m'a fait comprendre qu'il était un être unique, avec une personnalité différente de tous les autres*, m'a dit un jour Lucie, une militante du droit des animaux. *Cela m'a amenée à penser que les autres animaux étaient, comme lui, uniques, et donc dignes de droits. Je suis certaine que l'amour que nous ressentons pour nos animaux de compagnie peut nous mener à reconnaître le droit des autres* ».

Est-ce le cas ? L'attachement, récent, que nous avons pour nos animaux de compagnie, peut-il nous faire comprendre que tous les animaux ont des droits ? Peut-il constituer un premier pas vers un véritable statut juridique pour l'immense majorité de nos animaux, c'est-à-dire les animaux d'élevage ? Hélas, pas forcément. C'est ce qu'explique régulièrement la juriste et autrice Catherine Hélayel à travers son « *histoire des trois lapins* ».

Cette histoire, la voici. Trois petits lapins, donc, se ressemblent énormément. Membres de la même espèce, ils ont les mêmes comportements, les mêmes besoins.

Le premier petit lapin est un animal de compagnie. Il a un prénom et il vit au sein d'une famille, dans une maison. Ce lapin-là a de nombreux droits, inscrits dans la loi. S'il est laissé sans soin sur un balcon, s'il est frappé ou maltraité de quelque manière que ce soit, la police a le droit d'intervenir. Son propriétaire peut être poursuivi devant la justice, il risque même la prison ferme.

Le deuxième petit lapin est un lapin sauvage. Il vit dans la nature, souvent en pleine forêt. Il a moins de droits que le lapin de compagnie. Il n'appartient à personne, il n'est donc pas protégé par le Code civil. Mais pour le tuer, il faut tout de même respecter quelques règles, dont notamment la réglementation sur la chasse en France. Il faut posséder un permis, respecter les périodes autorisées, et éventuellement laisser tranquilles certaines espèces protégées.

Le troisième petit lapin est un lapin d'élevage, dit « lapin de production ». Il vit enfermé dans une usine, il est destiné à être mangé. Il ne dispose d'aucune protection juridique propre à son espèce.

En réalité, on peut tout lui faire subir.

En France, 99 % des lapins dits « de production » passent toute leur vie dans des cages. Elles sont grillagées, pour laisser passer leurs excréments. Les lapins s'y blessent les pattes. Aucune limite de densité n'est définie par la réglementation, alors que c'est le cas pour les poulets ou les cochons. Dans leurs cages minuscules, les lapins ne peuvent ni s'allonger complètement, ni se dresser, ni se cacher, bondir, ronger ou fouiner.

À leur naissance, les lapins sont triés. Ils sont répartis en fonction de leur taille et de leur poids, et placés près d'une lapine qui n'est pas forcément leur mère. Les malades, les plus petits, et ceux en surnombre, sont tués, assommés sur le rebord d'une caisse. Dans le jargon de l'élevage, on appelle cela « équilibrer les nids ». Leurs conditions de vie sont si terribles que près d'un quart des lapins meurent avant d'atteindre 70 jours, leur âge d'abattage, selon les chiffres officiels de la filière.

Voilà la fin de l'histoire de nos trois petits lapins. Un même animal, la même espèce, les mêmes besoins, les mêmes comportements naturels, et pourtant trois types de droits différents qui s'appliquent.

Pourquoi ? Parce qu'en réalité, un seul critère est pris en compte pour définir le statut juridique des animaux : sa relation à l'être humain.

Le droit des animaux dépend tout simplement du rôle que nous, humains, leur assignons. Leur vie n'a pas de valeur en elle-même, ils n'existent que parce qu'ils nous sont utiles, que nous en tirons des bénéfices, ou que leur compagnie est agréable. Par conséquent, jamais l'espèce, l'animal, sa subjectivité et ses spécificités ne sont pris en compte. L'homme, placé au centre de tout, est le grand ordonnateur des droits des uns et des autres.

Pour terminer notre histoire de petits lapins, je voudrais m'arrêter un peu sur leur mode d'élevage en France, encore une fois très éloigné d'un système familial fantasmé, à taille humaine. J'ai déjà abordé les grandes lignes de l'élevage industriel des poulets, porcs et vaches, mais le sort réservé aux lapins est peu connu.

La France élève 28 millions de lapins de chair chaque année dans un système hors-sol. Deuxième producteur de lapin en Europc, juste derrière l'Espagne, notre pays est là encore un leader, largement autosuffisant, qui exporte une grande partie de sa viande. 99 % de ces lapins sont élevés enfermés dans des cages grillagées, ce qui n'est pas une nécessité. La plupart de nos voisins, l'Autriche, la Belgique, mais aussi les Pays-Bas, et bientôt l'Allemagne ont interdit l'élevage des lapins en cage.

En 2018, l'Interprofession du lapin a commandé une étude à l'institut de sondage IFOP pour mieux connaître l'image de la viande de lapin et de la filière. Les résultats de cette enquête sont rassurants pour tous les producteurs : « *La viande de lapin jouit de perceptions positives auprès des Français.* » D'ailleurs « *près des trois quarts des consommateurs de lapins affirment avoir plutôt confiance vis-à-vis du mode d'élevage des lapins* ».

Vous avez bien lu : « perceptions positives », « confiance ». Comment est-ce possible, alors que l'industrie du lapin est une des plus intensives possibles ? Tout simplement parce que 47 % des sondés pensent que les lapins sont élevés en plein air.

Les auteurs de l'étude le reconnaissent eux-mêmes, légèrement ébahis : « *Une confiance satisfaisante, qui laisse raisonnablement penser que les personnes interrogées n'ont en réalité jamais réellement réfléchi au mode d'élevage des lapins.* » Ces mots sont incroyables. L'absence d'information conduit les consommateurs à valoriser un des pires systèmes d'élevage existant en Europe. La cécité et le déni sont décidément toujours au service de l'industrie de la viande.

L'institut de sondage en est tellement conscient que l'étude se conclut sur un dernier conseil aux producteurs. La clé de la réussite, au fond, c'est de ne surtout pas révéler les conditions d'élevage des lapins. « *La présentation d'images d'élevages professionnels peut s'avérer délicate et contre-productive. Cela tient aux impressions négatives suscitées par le confinement des lapins en bâtiment et leur concentration au sein des cages, évoquant la recherche première de productivité.* »

Au besoin, on pourra tricher sur les mentions. Tout ce qui compte, c'est de ne pas mentionner les cages grillagées. Et bien sûr, d'invoquer un modèle bien français.

« *La mention "issu d'un élevage inscrit dans une démarche de progrès en matière de bien-être animal" – permettant de s'abstraire de la référence au logement spécifique de l'animal – peut inciter à l'achat. L'origine "France" du lapin, voire localisée sur le territoire est de nature aussi à rassurer le consommateur.* »

Notre affection pour les animaux qui nous sont proches ne semble pas pouvoir changer grand-chose. Aimer son lapin de compagnie, lui attribuer des droits, n'a aucune conséquence pour les millions de ses congénères élevés en cages pour faire de la viande.

Nous aimons les lapins, dans les bras de nos enfants, et à la moutarde dans notre assiette. Il faut donc trouver d'autres voies à emprunter. Pour nous reconnecter aux animaux, il faut nous décentrer. Cesser de les contempler de haut, de les juger en fonction de leur utilité. Comprendre ce qu'ils sont réellement, pour eux.

Les cerveaux de la ferme : qui ils sont vraiment

Depuis une vingtaine d'années, les études scientifiques sur les animaux d'élevage se multiplient. Pour les faire connaître au plus grand nombre, il faut prendre le temps de s'y intéresser, de les lire, les synthétiser.

C'est la mission que s'est fixée Sébastien Moro, grand vulgarisateur de sciences, spécialiste de la cognition animale. Auteur, conférencier et vidéaste, il partage ses connaissances sur une chaîne Youtube nommée « Cervelle d'oiseau ». Sébastien Moro est un grand ingurgitateur de publications scientifiques. Il en a synthétisé plus de 700 pour écrire un livre : *Les Cerveaux de la ferme*, une bande dessinée extrêmement efficace sur les capacités cognitives et émotionnelles des animaux d'élevage.

Sébastien Moro, « Je partage les connaissances scientifiques sur les animaux d'élevage »

Pendant longtemps, les scientifiques se sont intéressés essentiellement aux animaux qui nous ressemblent, et avant tout aux grands singes. Plus un animal est proche de l'humain, plus il est facile de se projeter, et d'établir sur lui des protocoles de recherche. C'est sans doute ce qui explique qu'on ait une image très positive, par exemple, des dauphins et des éléphants : il s'agit de grands animaux, avec des gros cerveaux, comme nous, les humains.

Pendant toutes ces années, on a mis en avant le néocortex, la partie du cerveau qui est apparue le plus récemment chez les mammifères, et qui constitue la plus grande portion du cortex chez les primates. Tout cela explique que, pendant très longtemps, il n'y a eu que peu de travaux sur les oiseaux.

Ensuite, il y a eu des recherches menées sur les perroquets, par exemple, ou les corbeaux, et on a réalisé que les animaux avec de tout petits cerveaux étaient capables de choses extrêmement complexes, avec ou sans néocortex.

On a compris notamment que des poissons pouvaient être bien plus forts sur certains tests cognitifs que des chimpanzés. On a réalisé que les abeilles également étaient capables de prouesses mentales incroyables. Bref, on s'est rendu compte que tout ce qu'on pensait être requis, c'est-à-dire un gros cerveau, un néocortex, n'est en fait pas nécessaire pour avoir des facultés cognitives impressionnantes.

Concernant les animaux d'élevage, l'éthologie appliquée a souvent été la priorité. Les scientifiques travaillent beaucoup sur des questions comportementales, physiologiques, et surtout sur les moyens d'adapter les animaux à leur système d'élevage.

Lors des premières recherches, on a tenté surtout de découvrir des aspects généraux de leur vie : leurs structures sociales, leurs relations, leur personnalité. Rapidement l'objectif est devenu pratique : comment gérer l'agressivité lorsqu'on mélange les groupes ? Comment les faire bouger facilement ? Comment distribuer correctement les accès à la nourriture ? Malheureusement, encore aujourd'hui, on a tendance à les percevoir à travers les relations qu'ils ont avec les humains ou ce qu'ils peuvent nous apporter, plus que pour ce qu'ils sont et ce qu'ils vivent.

Moi, j'ai décidé de m'intéresser aux animaux d'élevage, justement parce qu'ils sont méconnus, pas vraiment de la science, mais du grand public. Il y a un fossé énorme qui s'est créé entre l'état des connaissances scientifiques et celles du grand public, un fossé colossal, qui ne cesse de grandir. Donc mon objectif, c'est de combler ce fossé.

Parmi les centaines de publications que j'ai lues et que j'essaie de vulgariser, je trouve celles sur les poules absolument passionnantes.

Ce qu'elles montrent, c'est l'importance de leur vie sociale. Les relations que les individus nouent entre eux sont primordiales chez ces oiseaux.

Par exemple, ce sont des animaux qui vivent normalement en petits groupes. Les poules forment des clans d'environ six à dix individus : une poignée de mâles et principalement des femelles. À partir de 20 individus, en général, les groupes se défont. Vivre au milieu d'environ 100 000 congénères, comme c'est le cas en élevage intensif, c'est complètement à rebours du comportement naturel d'une poule. Des études ont montré qu'en enclos, les poules ne peuvent plus reconnaître tous les autres individus. Elles ne peuvent plus s'organiser. Alors beaucoup choisissent de bouger le moins possible, pour rester proches des 4 ou 5 individus qui sont juste à côté, qu'elles pourront au moins identifier.

L'autre idée, passionnante et pas assez connue, c'est celle du contrôle sur son environnement, de son « agentivité ». Comme les humains, les autres animaux ont besoin d'avoir le contrôle sur leur vie. C'est un phénomène capital que nous partageons et qui est largement démontré par de nombreux travaux scientifiques.

Par exemple, des chèvres vont préférer résoudre des casse-têtes pour obtenir de l'eau, plutôt que d'aller simplement boire à la fontaine.

Des vaches montrent des signes d'émotions positives lorsqu'elles apprennent à ouvrir une barrière seules, signes qui sont absents lorsqu'elles sont face à une barrière automatique.

Pourquoi ? Pour les mêmes raisons que nous. Nous, humains, aimons maîtriser notre environnement. Cela joue un rôle clé dans nos émotions. Avoir un peu de contrôle sur ce qui nous entoure, c'est avoir l'impression de mieux comprendre le monde. Cela fait baisser notre incertitude, nos inquiétudes. Tout le monde aime avoir le contrôle sur sa vie. Et là encore, c'est ce qu'on retire aux animaux. En situation d'élevage, c'est nous qui décidons de tout, ce qu'ils mangent, qui ils fréquentent, où ils dorment, où ils doivent faire leurs besoins. Toute liberté de choix leur est retirée.

Toutes ces études-là sont passionnantes. Il faut simplement leur donner de la visibilité. Et je ne vous parle même pas des capacités des poissons, qui sont incroyables, et que personne ne connaît. Or c'est important que l'opinion publique, la société aient connaissance de ces faits.

Ce n'est pas à moi de dire ce qu'il faut en faire ensuite. Mon travail, c'est simplement de faire connaître ce que la science nous dit, et c'est déjà fondamental. Les résultats des études parlent d'eux-mêmes, je n'ai pas besoin d'en rajouter. Le savoir est là, à portée de main. Aux citoyens, aux associations, aux philosophes, aux politiques de s'en saisir.

Le livre *Les Cerveaux de la ferme* est une mine d'or. Chaque expérience citée dans cet ouvrage m'a aidée à mieux comprendre ce qui se jouait réellement en élevage intensif, du point de vue des animaux.

Quelques exemples concrets. On l'a vu, la séparation des mères et de leurs petits est la règle, dans tous les élevages intensifs. Les porcelets peuvent être placés au hasard auprès d'une truie qui n'est pas leur mère, et qui doit les nourrir. En élevage de volailles, les poulets naissent dans de gigantesques couvoirs, sans voir un seul adulte. Et dans les élevages laitiers, les veaux et les chevreaux sont séparés de leurs mères dès leur premier jour. Intuitivement, on se doute bien que les animaux vivent mal ces séparations. Mais la recherche scientifique nous le prouve, tout en révélant des faits majeurs.

Les animaux ne peuvent pas nous raconter verbalement ce qu'ils ressentent. Alors, les scientifiques ont donc établi des indicateurs capables de mesurer leurs émotions positives et négatives. Rythme cardiaque, température corporelle, position des oreilles, taux de cortisol, mouvements de la queue, mais aussi quantité de blanc apparent dans l'œil et pincement du museau sont des paramètres fiables, souvent utilisés.

Ainsi, les scientifiques ont pu mesurer concrètement les liens qui existent entre la vache et son veau. Ces liens se nouent extrêmement rapidement. Plus la vache passe de temps avec son veau, plus la séparation est douloureuse, plus elle va s'interposer si on s'approche de son petit.

Les recherches ont prouvé également que ces séparations ont des conséquences sur le développement ultérieur des veaux.

Un petit retiré trop tôt à sa mère n'aura pas les bonnes réactions face aux comportements d'autres individus. Face à un bovin adulte menaçant, au lieu de fuir, le petit veau ira vers lui. Le dernier adulte qu'il a connu, même peu de temps, étant sa mère, il l'associe à des émotions positives, et ne se protège pas.

Les chèvres et les chevreaux nouent eux aussi des liens très forts. Les chèvres utilisent plusieurs vocalises pour appeler leur petit. Des travaux ont prouvé qu'un an après le sevrage, les chèvres différencient parfaitement la voix de leur petit de celle de ses frères et sœurs, ou d'un autre membre du troupeau. On pense que les chèvres n'oublient jamais la voix de leur chevreau.

La vache reconnaît son veau, mais aussi nombre de ses congénères, qu'elle identifie individuellement. Sur des photos qu'on lui présente, la vache reconnaît ses amies, les membres de son troupeau, et les distingue des vaches étrangères, qu'elle ne connaît pas.

Les interactions sociales des vaches entre elles sont riches, variées. En situation angoissante, la présence d'un camarade a un effet calmant. Les vaches communiquent entre elles. Un chercheur a décomposé les vocalises des vaches : elles utilisent des combinaisons de syllabes différentes pour lancer des appels. Ces appels peuvent exprimer une menace, la peur, mais aussi l'affection, d'un veau en direction de sa mère, ou d'une vache envers une amie du troupeau.

Enfin, les scientifiques ont découvert que dans les groupes, ce sont les vaches les plus âgées qui ont priorité pour l'accès à la meilleure nourriture et pour les meilleurs couchages. Ce n'est donc pas, contrairement à ce qu'on imagine, la force ou le poids qui comptent. La société des vaches est basée non pas sur la capacité à se battre ou à dominer un autre animal, mais bien sur une convention sociale.

Que dire de plus ? Les animaux d'élevage sont empathiques. La contagion émotionnelle entre les animaux est un fait extrêmement documenté. Quand des truies ayant vécu des expériences négatives rejoignent leur enclos, leurs camarades se mettent au diapason de leurs émotions, même s'ils n'ont pas vécu la même expérience.

Les animaux peuvent apprendre les uns des autres. Une poule, à qui l'on a servi des bons puis des mauvais grains, va observer attentivement des poussins à qui l'on sert les mêmes grains. Elle va les inciter à aller vers les bons. Cela signifie qu'elle est capable de comparer leur comportement à sa propre expérience, de percevoir leurs erreurs et de les corriger. Elle les éduque et leur transmet un enseignement. Les poules peuvent par ailleurs reconnaître leurs congénères sur la base d'une photo les représentant quand ils étaient poussins.

Tous ces faits sont confondants. L'élevage intensif nous a éloignés des animaux. Elle a fait d'eux des objets, des choses, une masse indifférenciable. La science nous donne aujourd'hui une chance de découvrir la richesse de leurs mondes, et de nous reconnecter à eux.

Le refuge GroinGroin : recréer un lien avec les animaux d'élevage

Sur la route entre Laval et Le Mans, une petite ferme, aux tuiles noires et aux volets bleus. De la vigne vierge s'accroche aux murs. Sur le sol, deux chats paressent au soleil. Au loin, on aperçoit des chèvres. Enfin, une ferme qui ressemble aux publicités d'Interbev ! Sauf qu'en réalité, il ne s'agit pas d'un élevage, mais simplement d'un refuge pour animaux : le refuge « GroinGroin ».

Une jeune femme souriante, Lucie Nayak, m'y accueille. « *Au départ, on a surtout accueilli des cochons ici. C'est pour cela qu'on a appelé notre refuge comme ça : GroinGroin. L'idée, c'était aussi de choisir un nom mignon, qui ne fasse peur à personne. On n'a pas été très bien accueillis dans la région. C'est une zone rurale, il y a beaucoup d'éleveurs et de chasseurs. Mais notre mot d'ordre ici, c'est la bienveillance. On répond à l'agressivité par la gentillesse. Et en règle générale, on préfère se faire discrets.* »

Dans ce refuge, une centaine d'animaux d'élevage, exclusivement. Quand elle l'a créé, en 2005, sa fondatrice Caroline Dubois a d'abord recueilli des cochons nains. C'était la grande mode de l'époque. Les gens s'en offraient, sans savoir que les petits porcs allaient prendre 80 kilos en quelques mois. Alors, ils les abandonnaient. Le refuge GroinGroin en a recueilli beaucoup, puis il s'est ouvert à d'autres animaux d'élevage.

Rescapés des abattoirs, des élevages intensifs, abandonnés ou saisis pour des faits de maltraitance, il y a là désormais des cochons, mais aussi des poules, des vaches, des ânes, des chevaux et poneys, et des chèvres.

« *On est obligés de refuser des animaux tous les jours,* explique Lucie Nayak. *Plus qu'un refuge, en réalité, on est un sanctuaire. Les animaux sont là chez eux, c'est leur lieu de vie, ils ne sont pas donnés à l'adoption, donc il y en a très peu qui partent, et on a peu de places libres.*

On est conscients que ce qu'on fait est très symbolique. On sauve quelques dizaines d'animaux, c'est très peu par rapport aux 3 millions abattus tous les jours en France. Mais nos objectifs sont modestes : on veut protéger quelques animaux, et surtout sensibiliser le grand public à l'éthique animale et environnementale. »

Ici, les animaux ont de l'espace. Tout a été pensé pour eux. Les poules vivent en famille, par petits groupes. Les chevaux et les ânes ont des compagnons.

Régulièrement, le refuge organise des visites groupées. Écoles, familles, touristes de passage, Lucie reçoit tout le monde, fait un tour de la ferme en répondant aux questions. « *Il y a des questions qui reviennent tout le temps. Les enfants demandent souvent pourquoi les cochons sont sales. Je leur réponds que non, ils ne le sont pas, c'est même un des rares animaux qui fait très attention à ne pas vivre et dormir au même endroit que ses excréments ! Les bains de boue les aident à éviter les coups de soleil et lutter contre la vermine. Je donne quelques explications, mais sans trop insister.* »

Surtout, Lucie raconte à son public l'histoire de chaque animal. Celle de l'âne Pepito, que des adolescents ont offert à un ami pour son anniversaire, et dont les parents n'ont pas voulu. Celle de Nova, la petite poule blanche, que des bénévoles du refuge ont trouvée un jour de pluie, marchant sur le bord d'une route.

Ou encore celle d'Heston, un gros cochon de 250 kilos, qui dort allongé dans la paille. Quand il est arrivé au refuge, Heston s'est attaché à une truie aveugle : Pompon. Heston ne la quittait jamais, il l'accompagnait partout. Et puis un jour, Pompon est morte. Heston a eu l'air un peu abattu pendant plusieurs semaines. Ensuite, il a recommencé à vivre.

Les soignants du refuge ont alors réalisé qu'il reprenait des activités qu'il avait abandonnées parce que Pompon ne pouvait pas les faire. Ainsi, la truie aveugle ne pouvait pas prendre de bains de boue, et Heston n'en a pas pris tant que Pompon était sa partenaire. En fait, Heston était empathique, et solidaire de son amie.

« *En racontant ces histoires individuelles, j'essaie de faire prendre conscience aux gens que les animaux sont comme nous : le fruit de leur parcours de vie. Ils ont des personnalités différentes, des goûts personnels, des préférences, des relations sociales qui comptent pour eux. Non, un cochon n'est pas le même que celui d'à côté, même si au début on trouve qu'ils se ressemblent tous.* »

Il y a aussi Bounty, le dindon tout le temps fâché. Celui-là, il vaut mieux ne pas trop l'approcher. Bounty s'est échappé d'un camion qui l'emmenait à l'abattage, au moment des fêtes de Noël. Pendant de longs mois, il a dû porter des bandages aux pattes. Comme la plupart des volailles d'élevage, il souffre de pododermatites, des lésions des membres inférieurs qui sont dues à des brûlures d'ammoniac et à l'accumulation des fientes sur le sol. « *C'est une particularité ici. Les animaux d'élevage, quand ils arrivent, ils sont tous plus ou moins malades. Et en vieillissant, ils le deviennent tous. Normalement, ils sont abattus jeunes : leurs corps ne sont pas faits pour une vie normale.* »

Les cochons du refuge souffrent tous. Quand ils vieillissent, leurs corps, faits pour produire de la viande, ne peuvent plus porter leur poids, et les douleurs articulaires sont fortes.

« *On leur administre des antidouleurs, mais quand leurs souffrances deviennent trop importantes, on doit les euthanasier. C'est toujours sidérant de réaliser que leurs corps ne sont pas fonctionnels, passé leur date d'abattage prévu.*

En règle générale, soigner les animaux d'élevage c'est très compliqué. La plupart des vétérinaires travaillent dans des exploitations agricoles. Ils sont formés et payés pour lutter contre des problèmes collectifs, des grippes, des infections, et ils ne savent pas du tout comment traiter un animal de manière individuelle.

Alors, à GroinGroin, on fait appel à Faunevet, une équipe de vétérinaires qui se consacre à la santé des animaux sauvages. Ils adaptent leurs savoirs à nos animaux comme ils peuvent. Mais on sait que de toute façon, les animaux issus des élevages vont mourir jeunes. Ils ne sont pas programmés, génétiquement, pour vieillir. »

L'objectif de Lucie, et des membres du refuge GroinGroin, n'est pas seulement de faire de la vulgarisation scientifique. Lucie connaît bien les animaux, leur comportement, elle répond aux questions quand c'est nécessaire. Mais ce n'est pas son travail. D'autant que l'argument de l'intelligence des animaux d'élevage a, pour elle, ses limites.

« *Ça m'énerve un peu quand on parle de l'intelligence du cochon. Il serait complètement stupide, ça ne changerait rien éthiquement : ça n'est pas pour autant qu'on aurait le droit de le faire souffrir et d'en tuer des millions.*

Malgré cela, au refuge, on utilise beaucoup cet argument devant le public, parce qu'on s'est rendu compte que pour intéresser les gens, il faut partir des critères humains… Alors on parle de leurs capacités cognitives, on se sert de tout. Notre objectif principal ici, c'est de permettre la rencontre entre les humains et les animaux d'élevage.

Moi-même, je n'avais jamais vu un cochon de ferme avant de venir dans un refuge. On veut montrer au grand public qu'une chèvre, un dindon, c'est pas si différent d'un chien ou d'un chat, au sens où ils ont leur subjectivité propre.

On souhaite que les gens viennent et se disent : mais oui, il était marrant cet âne-là ou ce veau, il avait une personnalité, une histoire qui lui est propre. En espérant que ça plante une graine dans leurs esprits, et que ça se transforme en quelque chose d'autre plus tard. »

Besoin de tous

En tant que journaliste, je me pose régulièrement la question de l'utilité de l'information. Je ne connais pas l'impact des documentaires que je réalise, il est sans doute assez faible. Mais je sais, à l'inverse, que, sans information, il est absolument impossible d'agir.

Le savoir, à lui seul, a-t-il déjà permis de changer les choses ? En réalité, non. L'Encyclopédie n'a pas suffi à libérer les humains, de même que la compréhension du racisme n'a pas mis fin à l'esclavage. Il a fallu que des philosophes, puis des politiques s'emparent des connaissances nouvelles, qu'elles infusent dans la société, pour qu'ensuite soient réclamées par les citoyens de nouvelles organisations sociales, qui, elles, permettent d'appliquer les connaissances nouvelles.

Alors, que faut-il privilégier ? Diffuser la connaissance scientifique, raconter de nouveaux récits, investir le champ politique, se révolter, commencer par travailler sur soi, changer ses habitudes ?

La réalité, c'est qu'en matière d'élevage et d'agriculture, il faut travailler sur tous les fronts à la fois. Avec les éleveurs, les consommateurs, les pouvoirs publics, les grands groupes privés. La question de l'élevage industriel est à la confluence de toutes les grandes problématiques actuelles : sociales, écologiques, morales, et même démocratiques. Alors, pour se battre sur tous ces fronts, nous avons besoin de tout, de toutes, de tous.

Et d'abord de dépasser l'éternel conflit entre abolitionnistes et réformistes de l'élevage. Les abolitionnistes s'attachent aux droits des animaux. Ils réclament la fin de l'abattage, de toute forme d'élevage et de l'exploitation animale en général.

Les réformistes, ou « welfaristes », s'intéressent eux au « bien-être » des animaux. Ils veulent améliorer leur sort, promouvoir des modes d'élevage plus vertueux, sans remettre en cause le système dans son intégralité.

Les abolitionnistes estiment que les réformistes ne font que prolonger le système. Les réformistes, que les abolitionnistes sont irréalistes et qu'ils ne pourront jamais convaincre le plus grand nombre. Le débat, vif, qui oppose les deux groupes est intéressant. Mais il ne doit pas créer de blocages, alimenter des oppositions stériles.

En réalité, certains combats se mènent à court terme, d'autres dans un temps plus long. Les stratégies peuvent varier, être plus ou moins en phase avec la société, peu importe : des alliances peuvent, et doivent, être faites contre un système de production qui, lui, est insupportable.

La plupart des associations mobilisées contre l'élevage industriel assument d'ailleurs de mener les deux luttes en parallèle. Ainsi, Brigitte Gothière, fondatrice de L214, négocie au quotidien avec des patrons de supermarchés pour agrandir les cages des poules, tout en restant, à long terme, abolitionniste dans son projet. Le grand soir n'étant pas pour demain, se battre pour les « pratiques les moins pires » est possible en parallèle.

Il faut avancer groupés, unis dans un seul objectif, surmonter ses différences. Chacun selon ses moyens, ses capacités et ses valeurs. Nous avons besoin d'associations qui font de la pédagogie, de la sensibilisation. D'autres qui enquêtent, dénoncent, dévoilent. Nous devons protéger toutes les associations et leur droit à s'exprimer. Nous avons besoin de scientifiques. D'éthologues. De militants en colère, de désobéissants. D'amoureux de leurs bêtes. De pédagogues, de formateurs, d'éducateurs. Nous avons besoin de la variété de nos différentes cultures. De nouveaux récits. De livres et de films qui montrent la richesse des existences animales. Nous avons besoin de chefs, étoilés ou non, qui savent cuisiner sans viande. De consommateurs qui décident de diminuer la quantité de viande qu'ils mangent, d'autres qui arrêtent totalement.

Nous avons besoin d'une société qui accepte de se mettre sur pause, de réfléchir à sa propre violence, de penser en dehors de l'idée de profit et des satisfactions personnelles immédiates.

Tout ce qui va dans le sens d'une prise en compte du vivant est bon à prendre. Nos désaccords ne pèsent rien, nos doutes non plus, face aux forces immenses qui nous assaillent, et à l'urgence des problèmes qui se dessinent. L'industrie de la viande, elle, n'a aucun problème moral, aucun questionnement sur les stratégies à mettre en place. Elle agit à tous les niveaux en même temps. Elle fonce, sans complexes. Nous devons faire de même.

Nous sommes aujourd'hui dos au mur, sur tous les plans : écologiques, politiques, moraux. C'est l'avantage de n'avoir presque plus rien à perdre, cela libère. L'urgence est telle que les débats internes, aussi légitimes qu'ils soient, ne doivent pas nous paralyser. L'urgence, c'est de lutter contre l'élevage intensif.

Boris Cyrulnik, « Nous allons vers une révolution éthique et morale »

Le neuropsychiatre Boris Cyrulnik est un auteur de référence, célèbre surtout pour ses travaux sur la résilience, c'est-à-dire la capacité d'un individu à surmonter un traumatisme. Pourtant, Boris Cyrulnik mène aussi un autre combat, moins connu, depuis l'enfance. C'est un infatigable défenseur des animaux. Un pionnier de l'éthologie en France. Les entretiens que j'ai menés avec lui m'ont particulièrement inspirée et nourrie, tant sa pensée ouvre de possibilités sur nos relations avec les animaux.

« Je suis un enfant de la guerre. Mes parents, des Juifs polonais émigrés en France, ont été déportés et assassinés. J'étais orphelin à 6 ans. Pendant de longs mois, j'ai dû me cacher, j'ai souvent été très seul. La vie après-guerre n'a pas été simple non plus. Bref, pendant mon enfance, j'ai eu très peu de relations humaines.

Les plus belles relations que j'ai connues, c'était avec des animaux. J'ai appris à communiquer avec le chien des voisins. J'ai observé des colonies de fourmis pendant des heures. Les animaux m'ont sauvé la vie. Leur contact, l'affection qu'ils m'ont donnée et que j'ai ressentie, m'ont permis d'avancer.

C'est pour cela que je me suis intéressé à l'éthologie, l'étude du comportement des animaux, dès le début de mes études de médecine. À l'époque, les questions animales n'intéressaient personne. À la Faculté, on faisait des expériences, le plus souvent complètement inutiles, directement sur des animaux vivants.

Les bêtes criaient quand on les disséquait, c'était très compliqué pour moi. Je me souviens avoir dit un jour à une jeune professeure de biologie : "Mais, il souffre, là !" Elle m'a répondu : "Et quand votre vélo grince, vous croyez qu'il souffre ?" C'est vraiment l'idée de l'animal-machine de Descartes, ça a imprégné toute la société.

Quand je suis devenu psychiatre, mon intérêt pour l'éthologie m'a posé beaucoup de problèmes. Mes confrères étaient très agressifs avec moi, très méprisants, ils me répétaient : "Vous rabaissez l'homme au rang de la bête."

Mais j'ai persévéré. Parce que j'ai compris que l'étude des animaux permettait de mieux comprendre les humains. Nous, les humains, sommes bien plus proches d'eux qu'on ne le pense, et pas simplement au sens de la relation : au sens où nous leur ressemblons. Nous partageons d'innombrables comportements avec eux.

Il y a autre chose qui me vient de l'enfance, en plus de l'amour que les animaux m'ont apporté. Pendant la guerre, j'ai vécu parfois très longtemps tout seul, isolé dans des cachettes où personne ne venait me voir pendant de longs moments. J'ai alors eu des comportements identiques à ceux des animaux enfermés en zoo. Je me suis balancé sur moi-même pendant des heures. Je me suis léché les genoux, j'ai répété des gestes sans fin.

C'est un comportement que partagent les animaux et les hommes, sans exception. Privé d'altérité, sans personne à qui adresser ses gestes, ses regards, tout animal, humain ou non humain, développe un comportement autocentré : balancements, tournoiements et, en cas d'émotions trop fortes, autoagression.

On observe ces comportements chez les bébés humains, les enfants abandonnés, mais aussi chez tous les mammifères, et également chez les oiseaux. On a noté que les rats se rongeaient la patte en cas d'isolement trop long. Les altérations comportementales, biologiques et neurologiques provoquées par la solitude sont exactement les mêmes chez les jeunes mammifères que chez nos enfants. De même qu'un jeune animal isolé n'apprend pas les rituels de jeu, un bébé, s'il est seul, n'apprend ni à jouer ni à parler, il n'apprendra rien de tout ce qui caractérise la condition humaine.

Alors, finalement, qu'est-ce qui nous différencie des animaux ? Presque rien. Ni le jeu, ni le rire, ni la conscience de la mort. Inutile de nous chercher des traits uniques, qui feraient de nous des êtres supérieurs ! On dit souvent, par exemple, que seuls les êtres humains rient. C'est faux. Nous rions, non pas parce que nous sommes des êtres supérieurs, mais parce que, comme les animaux, nous élaborons des stratégies pour créer de la cohésion dans le groupe, dénouer des conflits, fabriquer du lien. Le rire fait partie de ces rites sociaux.

De la même façon, les enfants humains ne jouent pas pour le simple plaisir de jouer, mais parce que c'est leur manière à eux d'apprendre, comme les bébés lions ou chiens.

Les animaux sont infiniment inventifs, originaux, passionnants. Ils ont un monde intime, un monde mental, et un langage, même si leur langage est essentiellement non verbal. Car c'est bien la seule chose qui distingue l'humain de l'animal : la parole, le verbe. Non pas le langage, mais simplement l'aptitude à créer un monde spécifiquement humain par des représentations verbales.

Par conséquent, je crois que l'éthologie, la connaissance des animaux, peut tout changer. Elle modifie le regard que nous portons sur eux. Si l'animal possède des émotions et un monde intime comparables aux nôtres, cela limite notre pouvoir sur lui. Donc cette connaissance nouvelle nous donne des obligations morales. Les animaux ont droit au respect. On ne peut pas tout faire à des êtres vivants qui sont, de même que nos bébés ou nos vieillards aphasiques, doués de toutes les fonctions, sauf de la parole.

Certains nous expliquent que les animaux ont voulu avoir un lien avec l'homme, pour mieux vivre, pour être protégés des prédateurs. Outre que cette idée du contrat passé entre une poule et un humain me paraît étrange, est-ce que cela justifie la domination actuelle ?

Nous ne sommes pas "maîtres et possesseurs de la nature", comme nous l'a fait croire Descartes. Nous devons donner aux animaux le droit de vivre, pour eux-mêmes, sans être torturés par les humains. Notre puissance nous donne des devoirs : le devoir de ne pas torturer, détruire ou rendre malheureux des êtres vivants, quand bien même ils sont différents de nous. Il est d'ailleurs dans notre intérêt de respecter le monde vivant, écologique et animal : si on le détruit, on se détruit nous-mêmes.

Pour reconstruire ce lien, il faut partager ce savoir, de toutes les façons possibles. Bien sûr, ceux qui profitent et vivent des élevages industriels ou de l'exploitation animale ne voudront rien savoir, ils n'ont pas intérêt à cela. Ils manipuleront ces connaissances, ils détourneront les mots, de la même manière que j'entends des banquiers utiliser aujourd'hui le mot "résilience" pour parler de leurs affaires et de la meilleure façon de faire face à des crises financières…

Mais le grand public, lui, peut accéder à ses savoirs. La société est prête à réviser ses comportements, à inclure les animaux dans ses questionnements moraux. Les changements dans nos représentations vont impulser une révolution éthique et morale. Nous ne pouvons plus jouer les ignorants et faire comme si nous ne savions pas. »

Épilogue

Je me suis rendue une seule fois dans un abattoir. C'était dans la banlieue de Chicago. Une usine, plutôt petite, dernier vestige des premiers abattoirs industriels et de la grandeur passée de la ville. Un hangar plat, blanc, rectangulaire. Une entreprise qui ressemble à toutes les autres, dans une zone industrielle anonyme.

Au petit matin, les porcs sont arrivés dans un camion percé de trous d'aération. Combien d'heures ont-ils roulé ? En tout cas, ils sont sales, leurs corps sont couverts de bosses et de hernies. Quand le camion ouvre ses portes, les animaux sont aveuglés par la lumière d'un soleil qu'ils n'ont jamais vu. Des ouvriers à blouse blanche les font avancer, à coups de petites claques, distribuées avec ces longues pales en plastique bleu. Les porcs entrent dans des enclos, qui se transforment en couloirs de plus en plus étroits, par l'action de plaques en acier se refermant sur eux, au fur et à mesure qu'ils avancent.

Qu'ont-ils compris ? Certains cochons crient, s'agitent, essaient de faire demi-tour, refusent d'avancer. D'autres, l'air abattu, se couchent sur le côté, jusqu'à ce que d'autres coups les forcent à se relever. Enfin, ils arrivent à un dernier enclos, plus étroit encore que les autres, qui les entrave, un par un, et les mène sur un tapis roulant. Il ne leur reste que quelques secondes à vivre.

Un ouvrier, placé un peu en surplomb, applique alors une décharge électrique sur le dos des bêtes, pour les assommer. Par un geste souple, il enfile ensuite une chaîne au pied des cochons, reliés à un rail très en hauteur. Les porcs sont hissés tête en bas.

Proches, les corps des bêtes qui se balancent se touchent presque. Ils arrivent au niveau de deux très jeunes filles qui attirent mon regard. Elles sont debout, leur visage fait face à la gorge des animaux. Elles ont entre 20 et 25 ans. D'origine latino-américaine, comme la totalité des ouvriers de cet abattoir, elles ont les cheveux bruns et lisses.

Je ne vois pas le bas de leurs visages, elles portent un masque en papier. Mais je vois leurs yeux noirs, maquillés. Leurs sourcils sont soignés, bien dessinés, travaillés au crayon. Ensemble, au même rythme, elles plantent un couteau, relié à un tube en plastique qui aspire et évacue le sang, dans la gorge des cochons qui défilent. Elles sont jeunes, leurs bras sont musclés. Il faut de la force pour enfoncer un couteau à travers la peau.

Les porcs, même étourdis, tressaillent. Les jeunes filles les poussent rapidement ensuite, d'un coup de main, sur la chaîne. Puis elles passent à un autre, plantent leur couteau dans une gorge, et recommencent, un autre, et un autre encore. Je ne les quitte pas des yeux.

J'interroge le directeur de l'usine, qui est là avec nous : « *Ces filles, est-ce qu'elles vont changer de poste ? Est-ce que vous leur faites faire des rotations ? Avec ces ouvriers, par exemple, qui brûlent les poils des bêtes au chalumeau, ou ceux qui marquent les cadavres avec un tampon d'encre ?* » Le directeur rit : « *Mais non, pourquoi voulez-vous que je les change de poste ? Elles le font très bien. Elles peuvent faire ça toute leur vie.* »

Depuis, je pense souvent à elles. Au rythme de trois porcs par minute, sur des journées de 6 heures, elles égorgent environ 800 porcs par jour. Depuis que je les ai quittées ce jour-là, elles ont sans doute travaillé 600 jours de plus, et abattu, de leurs mains, 500 000 cochons. Quel type de vie vivent ces jeunes femmes ? Que faisons-nous subir à ces gens, à ces animaux ?

Cet abattoir me hante, comme un symbole épouvantable, une métaphore sinistre du monde que nous avons créé. Au fond, ce que cet endroit m'a révélé, c'est que les systèmes industriels fonctionnent en théorie, mais que dans les faits, ils ne marchent pas. La vie ne peut pas s'y insérer. Elle n'y a pas sa place. Ce que produit l'univers industriel, c'est la mort.

C'est un incroyable paradoxe, encore difficile à mesurer. Nous, humains, avons transformé le monde, et pourtant nous sommes impuissants à vivre dans ce monde nouveau que nous avons créé.

Ce système-là, c'est bien nous qui l'avons mis en place. C'est celui qui domine notre pays, la France. L'horreur n'est pas au bout du monde, elle est là, sous notre nez. Nous le savons désormais. Or, savoir, c'est ce qui nous permet de faire la différence entre une erreur grave et un crime impardonnable.

Remerciements

Ma reconnaissance va d'abord à Michel Welterlin et Céline Thoulouze qui m'ont proposé d'écrire ce livre. Ils m'ont fait confiance, m'ont accompagnée et soutenue, avec tous les membres de l'équipe Récamier.

Merci à Barbara Hurel et Anne Grolleron, qui, les premières, m'ont donné l'occasion de travailler sur cette thématique passionnante, pour la chaîne Arte.

Je remercie également Laure Ducos pour ses précieux conseils, et sa relecture attentive, savante et précise.

Enfin gratitude éternelle à tous mes proches, qui ont bien voulu s'intéresser à mon projet, ont relu mon texte et m'ont écoutée longuement. Ils ont été nombreux, et comme toujours, bienveillants et patients : ma famille, mes parents, Ibar, Clothilde, Mathieu, mon amie Sophie, et mes merveilleux partenaires au travail et amis dans la vie, Thomas et Cyprien. Reconnaissance spéciale à mon neveu Adam qui a su me dévoiler une technique secrète pour avancer, qui restera secrète.

Bibliographie

Livres

Gilles Allaire et Benoît Daviron, *Transformations agricoles et agroalimentaires, entre écologie et capitalisme,* éditions Quae, 2017.

Paul Ariès, *Une histoire politique de l'alimentation, du paléolithique à nos jours,* Éditions Max Milo 2016.

Éric Baratay, *Bêtes de sommes, des animaux au service des hommes,* Points, 2011.

–, *Le Point de vue animal, une autre version de l'histoire,* Seuil, 2012.

–, *Biographies animales. Des vies retrouvées,* Seuil, 2017.

–, *Les Animaux dans l'histoire,* Taillandier, 2024.

Daniel Benamouzig, Joan Cortinas Munoz Mai, *Des lobbys au menu : les entreprises agroalimentaires contre la santé publique,* Raison d'agir éditions, 2022.

Jérémy Bismuth, *Manuel de riposte écologique, les armes et les mots contre 30 arguments anti-écolo* Tana Éditions, 2024

Venus Bivar, *Organic Resistance. The Struggle over Industrial Farming in Postwar France,* Chapel Hill, University of North Carolina Press, 2018.

Nicolas Bricas, Damien Conaré, Marie Walser, Sarra Bourre, *Une écologie de l'alimentation*, Éditions Quae, 2021.

Pierre-Henri Castel, *Le mal qui vient, Essai hâtif sur la fin des temps,* Lexio, 2022.

Hugo Clément, *Les lapins ne mangent pas de carottes,* Fayard, 2022.

Boris Cyrulnik, Élisabeth de Fontenay, Peter Singer, *Les animaux aussi ont des droits*, Éditions Points, Coll. Points Essais, 2013.

Boris Cyrulnik, *Mémoire de singe et paroles d'homme,* Hachette Pluriel, 2010.

Anne-Sophie Darmaillacq et Frédéric Lévy, *Éthologie animale, Une approche biologique du comportement animal,* Éditions De Boeck Supérieur, 2024.

Laure Ducos, *Les frites viennent des patates, Dans les coulisses de l'alimentation et de l'agro-industrie*, Grasset, 2024

Romain Espinosa, *Comment sauver les animaux ? Une économie de la condition animale,* Puf, 2021.

Sara Fernandez, Margot Lyautey, Léna Humbert, Christophe Bonneuil, *Histoire des modernisations agricoles au xx*e *siècle,* Presses universitaires de Rennes, 2021.

Jean-Marc Gancille, *Comment l'humanité se viande, le véritable impact de l'alimentation carnée,* Éditions Rue de l'échiquier, 2024.

Stéphane Horel, *Lobbytomie, comment les lobbies empoisonnent nos vies et la démocratie,* La Découverte, 2018.

Martine Hossaert-McKey, Frédéric Keck, Serge Morand, Préface de Boris Cyrulnik, *L'Homme et l'Animal. L'invention de nouveaux liens.* Éditions Le Cherche Midi, 2021.

Serge Hercberg, *Mange et tais-toi, Un nutritionniste face au lobby agroalimentaire*, HumenSciences, Coll. Débat, 2022.

Will Kymlicka et Sue Donaldson, *Zoopolis, une théorie politique des droits des animaux*, Alma Éditeur, Coll. Essai Société, 2016.

Lucile Leclair, *Hold-up sur la terre*, Seuil, Coll. Reporterre, 2022.

–, *Pandémies, une production industrielle*, Seuil, Coll. Reporterre, 2020.

Nicolas Legendre, *Silence dans les champs*, Éditions Arthaud, 2023.

Inès Léraud et Pierre Van Hove, *Algues vertes, l'histoire interdite*, Delcourt, La Revue dessinée, 2019.

Inès Léraud et Léonor Mandard, *Remembrement, le choc des cultures*, Delcourt, La Revue dessinée, 2023.

Inès Léraud et Pierre Van Hove, *Champs de bataille, l'histoire enfouie du remembrement*, Delcourt, La Revue dessinée, 2024.

Gilles Luneau, *La Forteresse agricole, une histoire de la FNSEA*, Fayard, 2004.

Margot Lyautey, Christophe Bonneuil, « Les Origines allemandes et vichystes de la modernisation agricole française d'après 1945 », Revue d'histoire moderne et contemporaine, 2012.

Sébastien Moro, Layla Benabdi, *Les Cerveaux de la ferme, au cœur des émotions et des perceptions animales*, La plage, 2021.

Fabrice Nicolino, *Bidoche, l'industrie de la viande menace le monde*, Actes Sud, Coll. Babel Essai, 2010.

Corine Pelluchon, *Manifeste animaliste, Politiser la cause animale*, Rivages, Coll. Petite Bibliothèque, 2021.

–, *Réparons le monde, Humains, animaux, nature*, Rivages, Coll. Petite Bibliothèque, 2020.

Edgard Pisani, *Persiste et signe*, Odile Jacob, 1992.

–, *Un vieil homme et la Terre, Neuf milliards d'êtres à nourrir. La nature et les sociétés rurales à sauvegarder*, Seuil, Coll. L'Histoire immédiate, 2004.

Jocelyne Porcher, *Vivre avec les animaux, une utopie pour le* XXI*e siècle*, La Découverte, 2011.

Jocelyne Porcher, Corine Pelluchon, *Pour l'amour des bêtes,* Mialet Barrault, 2022.

Robert Proctor, *Golden Holocaust, la guerre des industriels du tabac,* Des Équateurs, 2014.

Jonathan Safran Foer, *Faut-il manger les animaux ?* Éditions Points, 2012.

–, *L'avenir de la planète commence dans notre assiette,* Éditions Points, 2020.

Peter Singer, *La Libération animale*, Payot, 2024.

Isabelle Von Bueltzingsloewen, *Morts d'inanition, Famines et exclusion en France sous l'Occupation*, Presses Universitaires de Rennes, 2015.

Rapports et études scientifiques

ANSES *Étude individuelle nationale des consommations alimentaires 3* (INCA 3) Rapport d'expertise collective, Santé Publique France, juin 2017.
https://www.anses.fr/fr/system/files/NUT2014SA0234Ra.pdf

Cour des comptes, *Les soutiens publics aux éleveurs de bovin,* mai 2023.
https://www.ccomptes.fr/fr/publications/les-soutiens-publics-aux-eleveurs-de-bovins

–, *Le soutien à l'agriculture biologique*, juin 2022.

https://www.ccomptes.fr/fr/publications/le-soutien-lagriculture-biologique

Fondation Heinrich-Böll, Les Amis de la Terre, *Atlas de la Viande,* 2021.
https://eu.boell.org/sites/default/files/2021-09/MeatAtlas2021_final_web.pdf

INRAE, *Les racines d'une alimentation durable, quand les protéines végétales s'invitent à table*, novembre 2019.
https://www.calameo.com/inrae/read/006800896a0cd84123cd6?authid=cX4pFNiRfNLT&page=1

I4CE, *Réduction de la viande, des politiques bien loin des objectifs de durabilité*, Lucie Rogissart, février 2023.
https://www.i4ce.org/publication/reduction-consommation-viande-politiques-publiques-bien-loin-objectifs-durabilite-climat/

–, *Transition de l'élevage, gérer les investissements passés et repenser ceux à venir*, Lucie Rogissart, Thomas Bonvillain, Claudine Foucherot, février 2023.
https://www.i4ce.org/publication/transition-elevage-gerer-investissements-passes-et-repenser-ceux-venir-climat/

L214, *Quand la faim ne justifie plus les moyens, En finir avec l'élevage intensif,* Les Liens qui libèrent, 2019.

Greenpeace France, *Comment les lobbies de la viande nous manipulent,* Laure Ducos, 2022.
https://cdn.greenpeace.fr/site/uploads/2022/01/Lobbies-de-la-viande_Greenpeace2022.pdf

–, *Haché menu, ce que cache la publicité pour la viande,* Natasha Delliston, 2021.

https://cdn.greenpeace.fr/site/uploads/2021/11/Rapport_Hache_Menu_Ce_que_cache_la_publicite_pour_la_viande_1.pdf

–, *Les cantines à la loupe, Cartographie des repas végétariens,* Laure Ducos et Chloé Le Floc'h, 2020.
https://cdn.greenpeace.fr/site/uploads/2020/09/RAPPORT-les-cantines-%C3%A0-la-loupe.pdf

–, *Vérités de campagne, le double discours du syndicalisme agricole au pouvoir*, Gilles Luneau, 2019.
https://cdn.greenpeace.fr/site/uploads/2019/02/Enquete-Verites-de-campagne_Janv2019.pdf

Réseau Action Climat, *Moins et mieux, un élevage et une consommation de produits animaux respectueux de la planète,* février 2021.
https://reseauactionclimat.org/wp-content/uploads/2021/02/position_moins_et_mieux_21_05_12_ter.pdf

Shift Project, *Pour une agriculture bas carbone, résiliente et prospère,* Céline Corpel, Corentin Biardeau-Noyers, Laure Le Quéré, Thomas Robert, Rapport final, novembre 2024.
https://theshiftproject.org/wp-content/uploads/2024/11/RF-Agri-Rapport-Complet-DEF.pdf

Terre de Liens, *La propriété des terres agricoles en France, à qui profite la terre ? L'état des terres agricoles en France*, N° 2, 2023.
https://ressources.terredeliens.org/les-ressources/la-propriete-des-terres-agricoles-en-france

Autres sources

Jean-Claude Daumas, *Pourquoi est-il si bon de consommer ? Les Trentes Glorieuses ou le bonheur de la consommation,* Revue Projet, N° 37, 2018.

Romain Espinosa, *Élevage intensif, entre militants animalistes et industriels, qui croire ?* The Conversation, novembre 2021.

Inès Léraud, *Journal Breton,* La Série Documentaire, France Culture, 2016-2017.

Philippe Madeline, « Les constructions agricoles dans les campagnes françaises, Héritages et dynamiques actuelles d'évolution », *Revue Histoire et sociétés rurales,* N° 26, deuxième semestre 2006.

Delphine Saltel, *Les paradoxes de la viande,* La Série Documentaire, France Culture, 2022.

André Sanson, *Traité de zootechnie,* Tome 1, 5e édition, Librairie Agricole de la Maison rustique, 1907.

Thibaut Schepman, *Steak assez, Enquête au cœur de la viande,* Les Jours, 2016.

Socialter, *Ces terres qui se défendent,* Collectif Reprise de terres en rédaction en chef, Hors-série, N° 15, 2022.

The Royal Society Open Science Publishing, *The broiler chicken as a signal of a human reconfigured biosphere,* Carys E. Bennett, Richard Thomas, Mark Williams, 2018.

Nicolas Treich, « Veganomics, vers une approche économique du véganisme ? » *Revue française d'économie,* vol. 33, 2018.

Principales sources statistiques

https://agreste.agriculture.gouv.fr/
https://www.franceagrimer.fr/
www.insee.fr
www.credoc.fr
https://observatoire.loire-atlantique.fr/

Table

CET OUVRAGE A ÉTÉ ACHEVÉ D'IMPRIMER SUR ROTO-PAGE
PAR L'IMPRIMERIE FLOCH À MAYENNE EN MARS 2025

N° d'impression : 106662
Imprimé en France